내가 그리스도와 함께
십자가에 못 박혔나니
그런즉 이제는
내가 사는 것이 아니요
오직 내 안에
그리스도께서 사시는 것이라

- 갈라디아서 2:20 -

Story of the Cross

십자가 이야기

십자가 조형에 관한 이야기와 묵상

발 행 일   2025년 9월 1일

지 은 이   염영식

펴 낸 이   염광필

펴 낸 곳   그리심북
　　　　　　출판등록   제 2025-000025 호
　　　　　　주소 : (12504) 경기도 양평군 서종면 수능샘말길 10
　　　　　　전화 : 02) 2272-4667

디 자 인   크리스찬디자인 그리심 / www.grisim.co.kr

I B S N   979-11-994365-0-3

가 　격   20,000 원

구 입 처   그리심몰 / www.grisimmall.com 전화 : 02) 2272-4667

Story of the Cross

십자가 이야기

십자가 조형에 관한 이야기와 묵상

염영식 지음

그리심북
Christian Books

십자가…, 가슴이 철렁하는 형틀, 그리스도와 교회와 성도의 상징입니다.

언제나 십자가에 보여지는 하나님의 사랑과 공의는 우리의 신앙을 경건하게 하지요. 십자가에 눈이 가고, 보이는 십자가를 수집하는 일은 구원받은 성도에게 특별한 은사와 같습니다.

인종과 국민과 시대마다 나름대로 표현하는 믿음의 방식이 있지만, 십자가로 이야기되는 희생과 사랑은 모두에게 동일합니다. 환경에 따라 저마다 조금씩 다르게 만들어진 십자가는 독특한 문화에서 녹이고 버무려진 산물이라 할 수 있는데, 즉, 다양한 십자가는 모든 사람에 대한 하나님의 사랑을 증명합니다.

다양한 십자가에 대한 소개로 십자가를 품고 사는 사람들의 깊은 고백들을 들을 수 있어 은혜가 특별합니다.

염영식 장로님의 십자가 사랑은 삶에서 보여지는 희생과 사랑으로 늘 빛이 납니다. 장로님의 눈에는 십자가만 보이는 듯한데, 장로님이 교회와 사무실, 교우들에게 선물로 주신 십자가는 셀 수도 없을 정도입니다….

경건한 마음으로 십자가를 만날 때마다 장로님에게 부어진 은혜가 이렇게 책으로 발간됐네요.

십자가를 통한 하나님의 사랑, 그 십자가를 묵상하고 어깨에 짊어지고 믿음의 길을 걷는 장로님이 참 귀합니다. 구원받은 성도들의 삶은 십자가로 귀결되는데, 바울이 왜 그렇게 말했는지 다시 생각하게 되는 책입니다.

"그러나 내게는 우리 주 예수 그리스도의 십자가 외에 결코 자랑할 것이 없으니 그리스도로 말미암아 세상이 나를 대하여 십자가에 못 박히고 내가 또한 세상을 대하여 그러하니라"(갈 6:14)

책을 읽는 모든 분에게 같은 느낌과 감동이 솟아날 것입니다.

기독교대한감리회 서울연회 감독

꽃재교회 김 성 복 목사

십자가가 꽃을 피웠습니다. 평소 그리스도교 경건 문화와 예술을 사랑하는 염영식 장로님의 '십자가 이야기' 출간을 축하드립니다. 일찍이 한국교회 문서선교의 수준을 여러 단계 끌어올린 그리심 창업자의 섬세한 감성으로 십자가 작업을 하셨군요. 대단한 일입니다.

벌써 10년이 다 된 기억입니다. 서울연회 평신도단체 연합수련회에서 십자가 특강을 한 적이 있습니다. 과분한 초대였는데, 염 장로님을 비롯해 임원들이 직접 색동교회에 찾아오셔서 요청하셨습니다. 그날 방문선물을 준비하셨는데, 늘 십자가를 찾고 궁리하는 제게도 낯선 작품이었습니다. 12개의 질그릇으로 구성한 십자 형태인데, 유영식 작가의 제자십자가라고 불렀습니다. 질그릇들이 하나같이 뭉개지고 이지러진 모습이 마음에 와닿았습니다.

'세계의 십자가' 강의를 부탁하러 오시면서, 한국인 작가의 십자가를 선물하시는 마음이 참 넉넉하게 느껴졌습니다. 그때 한국에서 십자가 작업을 하는 작가들이 여러분 계신다는 것을 알았습니다. 그리고 염 장로님과 평생 일터인 그리심을 통해 한국 작가들을 찾고, 후견인 역할을 하고 있음을 눈치챘습니다.

저자가 '십자가 이야기'에서 소개하는 작품들은 저마다 고유한 자기 이름을 가졌지만, 모두 예수님의 십자가를 고백한 것입니다. 고백을 예술로 표현하는 작업은 작가의 신심과 미적 상상력 때문에 가능합니다. 다만 이를 평가하고 이해하는 것은 작가가 아닌, 오롯이 독자의 몫입니다. 그런 점에서 염 장로님은 작가들의 좋은 친구요, 동반자입니다. 작품을 고르는 심미안뿐 아니라, 자신의 몫을 나누는 투자 의지 덕분입니다.

한국적 풍토에서 크리스천 작가들이 홀로서기란 참 힘듭니다. 교회는 재능기부를 받는 일에는 익숙하지만, 작가의 열정과 헌신을 크게 배려하지 못합니다. 평소 품격 있고 경건한 디자인을 고집해 온 그리심 사에게 더 큰 기대를 거는 이유입니다.

고마운 일은 염 장로님을 비롯해 십자가를 사랑하는 이들이 얼마 전부터 답사를 진행 중입니다. 양평을 시작으로, 천안, 광주, 서울과 김포 등을 다니며 십자가를 찾는 사람들, 십자가를 만드는 사람들, 십자가를 전시하는 사람들이 함께합니다. 모두 예수님을 사랑하고, 십자가의 길을 따르려는 이들입니다.

십자가 동행을 통해 많이 배웁니다. 얼마 전에 크로스갤러리(김포 고촌감리교회)를 방문했는데, 오래 전시한 십자가임에도 작가에 대한 정보가 없어 아쉬운 작품이 있었습니다. 가시와 넝쿨로 십자 나무를 만들고 볏짚으로 꼬아 예수님의 형상을 꾸민 후 한지로 수의를 만들어 입힌 것입니다. 이를 보고 염 장로님은 고 장정웅 님(김포 보름산미술관) 작품이라고 일러 주셨습니다. 이미 존재하나, 새 이름을 얻은 셈입니다. 예빛갤러리(서울 도림장로교회)에서는 서로 십자가 사연을 나누기도 했습니다.

　20여 년 동안 '세계의 십자가 전(展)'을 열면서 늘 한국적 십자가를 궁금해하였습니다. 2013년, 부산 WCC 10차 총회가 연 시그니처 전시회에 찾아온 많은 해외 그리스도인들은 자기 나라 십자가와 함께 한국의 십자가를 보고 싶어 하였습니다. 미리 준비한 단청십자가, 색동십자가, 다릅나무십자가 등을 소개했지만, 저나 그들이나 아직 성에 찰 리 없습니다. 그래서 십자가의 한국적 상징을 발견하는 것은 모두의 숙제가 되었습니다.

　세계교회는 자기 나라와 민족, 교회 전통의 십자가를 간직하고 있습니다. 고유한 문양, 자연 재료, 신앙의 전통을 담았습니다. 에디오피아의 빛 십자가, 그리스의 이콘 십자가, 러시아의 나사로 십자가,

모임)십자가 순례길 - 예빛갤러리(서울 도림장로교회)

아일랜드의 곱틱 십자가들은 누구나 다 인정하고, 알아보는 세계적 경건 미학이며, 고유한 아픔과 상처로 빚어낸 고난 예술입니다.

앞으로 꿈을 꿉니다. 무엇보다 십자가가 우리 한국교회의 큰 자랑이 되는 비전입니다. 평화의 동산이 될 DMZ에 십자가 박물관을 세워 K- 한국교회, K- 한국 경건 문화, K- 한국 십자가를 높이 자랑할 수 있기를 기도합니다. 십자가를 바라보되, 십자가를 따르려는 그리스도인의 고백과 삶을 전시하고 싶습니다. 염 장로님의 행복한 동역을 희망합니다.

바라기는 염영식 장로님의 '십자가 이야기'를 통해 한국적 십자가를 찾는 탐구의 과정이 널리 알려져, 더 다양한 십자가 순례가 이어지기를 소망합니다. 이로부터 한국교회의 경건 예술을 확장하고, 십자가를 견고히 세우는 계기가 될 것입니다.

"아무든지 나를 따라오려거든 자기를 부인하고 날마다 제 십자가를 지고 나를 따를 것이니라"(눅 9:23).

'세계의 십자가' 전 기획자
색동교회 송 병 구 목사

상징 없는 세상을 그려본다. 복잡하고 답답하고 어렵다. 파란불이 없으니 위험하고, 도로의 노란 직선이 없으니 온통 아수라장이 될 것 같다. 원두커피를 마시고 싶은데 커피 그림이 안보이고, 버스를 타야 하는데 버스 표지가 안 보인다. 상징은 우리도 모르게 많은 곳에서 필요한 삶의 요소로 자리하고 있다.

기독교 안에도 다양한 상징이 있다. 목사의 스톨은 절기마다 변하는 색상을 보여주는 절기의 상징이다. 성만찬의 떡과 포도주는 그리스도의 몸과 피를 상징하는 보는 복음이다. 성탄절에는 성탄목, 부활절에는 달걀 등, 신앙의 다양한 상징들이 존재한다. 그중 기독교 전체를 보여주는 상징이며, 인류 역사 속에 가장 영향력 있는 상징은 십자가다.

그 상징을 찾아다니는 사람을 오래전에 만났다. 염영식 장로님이다. 전국 어디든 십자가를 만드는 분이 있다면 장로님은 달려가신다. 이 책은 오랜 시간 전국 방방곡곡을 누비며 십자가를 만드는 작가들을 만나고 그들의 작품을 수집한 그의 발자국이며 그의 신앙의 여정과도 같은 책이라고 말할 수 있을 것 같다.

저자는 십자가의 모양과 재질, 그리고 작가들의 소소한 사연이 깃든 십자가를 온몸으로 체험하며 기록했다. 십자가마다 풀어내는 수많은 아름다운 스토리는 신앙의 본질이 일상에 녹아들어 살아 숨 쉬고 있음을 일깨워 준다. 작가들을 만난 여정의 기록은 소통과 묵상의 발자취이며, 신학적인 해석과 더불어 묵상할 수 있는 성구는 십자가와 잘 어울리는 선택으로 십자가를 두 번, 세 번 바라보게 하는 내용이 가득하다.

이 책이 주는 가치는 십자가가 '심볼(Symbol)'이라는 관점을 넘어서 작품이 전하는 의미와 메시지 전달의 가치로 작가들이 만난 하나님의 '싸인(Sign)'이다. 'Symbol'의 개념이 정적이라면 'Sign'은 역동적이다. '내가 너를 사랑한다' 하시는 '하나님의 Sign' 전달로서의 의미와 가치가 충분하다.

이 소중한 책을 통해 신앙인이 걸어야 할 참된 길을 다시금 마주하게 된다. 자신만의 십자가를 찾아가는 여정에 도전받고 싶으신 모든 이들께, 그리고 깊은 영적 울림과 신학적 사색을 갈망하시는 이들에게 기쁜 마음으로 이 책을 추천한다. 은혜와 감동의 선물이 될 것으로 확신한다.

대한예수교장로회(통합)

효자동교회 진 영 훈 목사

저는 1986년 3월, 교회 홍보물들을 새롭게 기획·디자인하는 일을 통하여 하나님께 영광을 돌리고자 하는 마음으로 크리스천 디자인 '그리심'의 문을 열었습니다.

그리심은 "그리심 산에서 축복을 선포하고"(신 11:2) 하신 말씀에 의지하고, 그리스도+心(마음 심)으로, "무엇을 그리십니다" 하는 말의 명사형인 그리심으로 "예수로 행복한 교회, 예수로 희망찬 사회, 예수로 기쁘고 즐거운 당신"을 꿈꾸며 그리심을 시작하였습니다.

그리스도의 마음을 표현하는 방법으로 이미지를 사용하는 일에는 어려움이 많았습니다. 그러던 중 만난 것이 다양한 십자가 디자인이었습니다.

2005, 2008, 2009년 열린 송병구 목사님의 '세계의 십자가전', 2010년경 천안성결교회에서 만난 십자가전, 2016년 익산 삼일교회에서 만난 진영훈 목사님(현 전주 효자동교회 시무)의 십자가 전시회 등에서 다양한 디자인의 십자가를 만날 수 있었습니다. 그때부터 십자가 관련 전시회를 찾아다니며 소중한 십자가 작품들을 만날 수 있었고, 작가의 공방을 찾아 지방을 다니는 일도 잦아지게 되었지요.

차담을 나누며 분위기 있는 만남의 자리도 있지만, 작업장 한쪽 끝 먼지 쌓인 공간에서 땀 냄새를 맡으며 나누는 신앙 이야기와 십자가 이야기는 고단한 작가에게 때론 달콤한 쉼(?)의 시간이 아니었을까요? 때론 작가의 손을 떠나지 않은 미완의 작품과, 한쪽에 외면되어 있는 작품과 인사를 나누기도 하고, 그의 흔적을 어루만지며 들려오는 음성에 귀 기울이기도 하였습니다.

지난 15~16년의 세월에 70~80여 명의 작가들과 만난 것 같습니다. 생업의 문제 때문에 이 일을 떠난 이도 여럿 있었고, 어떤 이는 육신의 질병을 이겨내려고 이 일에 더욱 매진한 이도 있었습니다. 작업장의 화재로 고통받은 이도 있었습니다. 우리의 만남은 미약함에서 시작하지만, 서로를 격려하고, 정보를 나누다 보면, 새 힘을 얻고, 부푼 꿈으로 내일을 기약하기도 하였습니다.

이렇게 모인 십자가가 500여 점이 되었습니다. 그리고 저는 2020년에 양평군 서종면 수능리의 전원주택으로 이사 하면서 십자가 갤러리 'THE CROSS'를 꾸밀 수 있었습니다.
이제는 십자가를 찾아오는 이들과 십자가 이야기를 나누며 차 한잔을 나눌 수 있는 시간이 제일 행복한 시간이 되었습니다.

그런데, 행복에 겨워 부족함을 모르고 또 욕심을 냈습니다. 십자가 44점을 선정하여 조형과 묵상에 관한 이야기를 '십자가 이야기'란 제목의 책으로 발행하게 되었습니다. 'THE CROSS'를 찾아오시는 이들에게 십자가를 소개하던 이야기를 체계적으로 정리한 것으로 십자가 묵상에 작은 보탬이 되기를 바랍니다.

이 책이 발행되기까지 도움을 주신 고마운 분들께 진심으로 감사의 마음을 드립니다. 격려사를 써주신 담임목사 김성복 감독님, 추천사를 써주신 십자가 순례단의 송병구 목사님과 진영훈 목사님, 부족한 글을 다듬어주신 남상학 장로님, 사진 촬영과 편집을 도와준 큰아들 염광필 권사와 그리심 가족들, 그리고 켈리로 도와주신 효자동교회 박현숙 사모님께 깊이 감사드립니다.

십자가의 은혜와 사랑이 오늘도 당신에게 임하시기를 기도하며….

양평 수능리 '더 크로스'에서 염 영 식 장로

| 목 차 |

격려의 글 ··· 04

추천의 글 ··· 06

추천의 글 ··· 10

들어가는 글 ··· 13

| 001 첫번째 이야기 |
십자가? 십자가! 십자가…

153 십자가 ··· 20

고통(PAIN) 십자가 ··· 24

내가 주님을 가장 사랑한 날 십자가 ································· 28

십자가 이야기
십자가 조형에 관한 이야기와 묵상

가시나무 십자가 ·· 32

무릎 기도 십자가 ··· 36

베드로 십자가 ··· 40

성령 십자가 ··· 44

영혼의 십자가 ··· 48

예수를 바라보자 십자가 ·· 52

위로 십자가 ··· 56

주님의 발 십자가 ··· 60

Jesus 십자가 ·· 64

철조망 십자가 ··· 68

하나 됨(ONENESS) 십자가 ·· 72

하늘 창 십자가 ·· 76

흔적 십자가 ··· 80

고난의 흔적 십자가 ··· 84

그리스도의 심장 십자가 ·· 88

연단의 흔적 십자가 ··· 92

| 002 두번째 이야기 |
예수!, 십자가에 꽃 피우다

장미 7송이 십자가 · · · · · · · · · · 98

꽃 십자가 · · · · · · · · · · 102

꽃 피우다 십자가 · · · · · · · · · · 106

볼레스와비에츠 도자기 십자가 · · · · · · · · · · 110

33송이 장미꽃 십자가 · · · · · · · · · · 114

저 장미꽃 위에 이슬 십자가 · · · · · · · · · · 118

탈북 청년이 만든 십자가 · · · · · · · · · · 122

타라베라(Talavera) 도자기 꽃 십자가 · · · · · · · · · · 126

| 003 세번째 이야기 |
한국적(韓國的) 십자가

The Cross 십자가 · · · · · · · · · · 136

가시나무 십자가 · · · · · · · · · · 140

기와 십자가 · · · · · · · · · · 144

다 이루었다 십자가 ··· 148

두루마기 십자가 ··· 152

박 바가지와 사다리 십자가 ··· 156

워낭 십자가 ··· 160

지게를 지신 왕 십자가 ·· 164

창(窓)살 문양 십자가 ·· 168

한지로 만든 십자가 ··· 172

| 004 네번째 이야기 |
십자가를 품은 십자가 이야기

다미아노(Damiano) 십자가 ··· 178

러시아 정교회 십자가 ·· 182

멜리데 십자가 ··· 186

성찬(聖餐) 빵, 나무 스탬프 십자가 ······························ 190

예루살렘 십자가 ··· 194

예수의 생애 십자가 ··· 198

올래(來) 자 십자가 ··· 202

001 첫번째 이야기

십자가?
십자가!
십자가…

자기 십자가를 지고 나를 따라오라

* 153 십자가
* 고통(PAIN) 십자가
* 내가 주님을 가장 사랑한 날
* 가시나무 십자가
* 무릎 기도 십자가
* 베드로 십자가
* 성령 십자가
* 영혼의 십자가
* 예수를 바라보자 십자가
* 위로 십자가
* 주님의 발 십자가
* Jesus 십자가
* 철조망 십자가
* 하나 됨(ONENESS) 십자가
* 하늘 창 십자가
* 흔적 십자가
* 고난의 흔적 십자가
* 그리스도의 심장 십자가
* 연단의 흔적 십자가

김동규(2008)
강화 석고
300×450×55mm

20

십자가? 십자기!! 십자가

153 십자가

이 십자가는 홍익대학교 조소과를 졸업한 김동규 님의 2008년 작품으로 강화 석고로 제작된 것입니다. 원제 『TRIAL』은 시련과 시험이라는 의미를 담고 있으며, 153개의 정교하게 절삭(切削)된 면으로 구성되어 『153 십자가』라고 불립니다.

작품 제목 153은 요한복음 21장 11절 "시몬 베드로가 올라가서 그물을 육지에 끌어 올리니 가득히 찬 큰 물고기가 백쉰세 마리라 그러나 이같이 많은데도 그물이 찢어지지 아니하였더라"에서 유래합니다. 이 물고기의 숫자는 단순한 수량을 넘어 신학적 의미를 내포하고 있는데, 부활하신 예수님께서 제자들과 함께 하신 이 마지막 고기잡이 사건은 갈릴리 바다에서 실의에 빠진 제자들이 다시 예수님을 만나 사명을 회복하는 중요한 순간이었으며, 이때 잡힌 153마리 물고기는 장차 그들이 '사람을 낚는 어부'로서 복음으로 온 세상 모든 민족을 구원으로 이끌 것을 예표하는 상징이 되었습니다.

고대 그리스-로마 세계에서 당시 알려진 물고기의 종류가 153종이라 여겨졌기에 이는 모든 피조물을 포괄하는 완전성의 상징이 되었으며, 고대 교부들은 153에 담긴 심오한 의미를 다양하게 해석했습니다. 성 키릴루스(St. Cyril)는 153이 삼위일체(3)와 오대륙의 사람들(5+10)이 결합한 숫자로 보았고, 성 아우구스티누스(St. Augustine)는

153이 숫자 17의 삼각수(1+2+3+ ⋯ +17)로서 율법(10)과 완전함(7)을 합한 구원의 완전성을 나타낸다고 해석했으며, 성 제롬(St. Jerome)은 153을 100(이방인의 충만함) + 50(유대인의 남은 자) + 3(삼위일체)로 해석하여 모든 인류의 구원을 의미한다고 보았습니다. 또한, 고대 유대교와 초기 기독교의 수비학(數秘學, Numerology)에 따르면 숫자 1, 5, 3 각각은 하나님과의 관계, 은혜, 부활을 상징한다고 하여 153은 하나님의 은혜로 이루어지는 완전한 구원을 의미한다고 해석하였습니다.

『153 십자가』는 전통적인 십자가 상징을 현대적으로 재해석한 것입니다. 기하학적으로 절삭된 153개의 면은 서로 다른 방향과 각도로 향하고 있어 빛의 방향에 따라 다양한 그림자와 반사를 만들어내며 보는 이의 위치에 따라 십자가의 모습을 달리 보이게 합니다. 이는 예수의 사랑과 희생이 여러 방향으로 퍼져 나가 온 세상을 품는 것을 상징합니다.

이 십자가의 순백색과 기하학적 형태는 복잡하고 혼탁한 현대 사회에서 정결함과 명료함을 추구하며 본질에 집중하게 하는 영적 정화의 의미를 담고 있으며, 특히 다면체 구조로 인해 각 면마다 미묘하게 다른 빛의 반사를 보여주는 것은 하나님의 진리가 우리 각자의 삶의 상황과 영적 성숙도에 따라 다르게 경험되고 깨달아지지만 그 본질은 변하지 않는다는 진리를 암시합니다.

이 십자가를 바라볼 때, 예수의 모습이 떠오릅니다. 마치 세상을 향해 두 팔을 벌리고 *"수고하고 무거운 짐 진 자들아 다 내게로 오라 내가 너희를 쉬게 하리라"*(마 11:28)고 말씀하시며 우리를 하나님 사랑의 품으로 초대하시는 모습이 떠오릅니다.

이 십자가는 153개의 다면체 구조로, 그리스도의 몸을 단순한 면과 선으로 표현하고 있어 마치 앞으로 뻗어나가는 길처럼 보입니다. 그것은 미래를 향한 초대이며, 아직 이루어지지 않은 하나님 나라를 향해 우리를 인도하는 길입니다.

이 십자가 앞에서 우리는 153마리 물고기로 상징되는 하나님의 풍성한 은혜와 완전한 구원을 묵상하며, 갈릴리 바다에서 실망과 좌절 속에서도 다시 예수님을 만나 새로운 사명을 받은 제자들처럼 우리도 십자가 앞에서 새로운 소망과 비전을 발견하고 세상을 향한 복음의 사명을 새롭게 다짐하게 됩니다.

고통(PAIN) 십자가

이 십자가는 김동규 님이 2008년 제작한 『PAIN』이라는 제목의 금속 작품입니다. 수많은 가느다란 동봉(銅棒)이 교차하며 얽혀 있는 모습으로 구성된 이 십자가는 예수가 십자가에서 겪으신 극한의 고통으로 물과 피를 다 쏟으시고 앙상하게 뼈만 남은 상태를 시각화한 것입니다.

이 십자가는 전통적인 십자가의 형태를 거부하고, 혼돈 속에서 질서를 찾아가는 역설적 구조를 보여줍니다. 동봉들의 불규칙한 배치는 무작위성과 예측 불가능을 표현하면서도 십자가라는 명확한 상징을 이루어내는 조형미를 보여줍니다.

특히 동봉들의 길이와 각도가 모두 다르게 구성된 것은 고통의 다층적 성격을 표현합니다. 어떤 봉은 날카롭게 찌르듯 뻗어있고, 어떤 봉은 구부러지거나 꺾여있어 각기 다른 아픔과 상처를 상징합니다. 이러한 비대칭적 구성은 완벽한 균형을 추구하는 전통 미학을 벗어나 고통의 현실과 날것 그대로의 감정을 드러냅니다.

작가가 동봉을 사용한 것은 매우 의도적인 선택으로 보입니다. 동은 철보다 부드럽고 따뜻한 질감을 가진 금속으로 예수의 인성을 상징합니다. 동시에 동은 고대부터 제사 도구와 성전 기물에 사용되어 온 신성한 금속으로 출애굽기 27장 2절에 "그 네 모퉁이 위에 뿔을 만들되 그 뿔이 그것에 이어지게 하고 그 제단을 놋으로 싸고"라고 하신 것처럼 동은 하나님과 인간 사이의 중보적 역할을 상징하는 재료입니다.

동봉의 특성은 시간이 지남에 따라 일어나는 변화입니다. 처음에는 붉은빛을 띠는 구리색이었지만, 점진적으로 산화되어 갈색, 검은색을 거쳐 녹청(patina)을 형성합니다. 이러한 변화의 과정을 재해석하면, 초기의 붉은빛 구리색은 예수의 피와 고통을 상징하고, 점차 어두워지는 과정은 죽음을 향해 나아가는 고난의 심화를, 최종적으로 형성되는 청록색 녹청은 부활과 영생의 희망을 상징하는 색채로 해석할 수 있습니다.

이 『PAIN 십자가』는 구약 성경 이사야 53장 5절에 "그가 찔림은 우리의 허물 때문이요 그가 상함은 우리의 죄악 때문이라 그가 징계를 받으므로 우리는 평화를 누리고 그가 채찍에 맞으므로 우리는 나음을 받았도다"라고 예언된 고난받는 종의 고통을, 시편 22편 14~15절에서 "나는 물 같이 쏟아졌으며 내 모든 뼈는 어그러졌으며 내 마음은 밀랍 같아서 내 속에서 녹았으며 내 힘이 말라 질그릇 조각 같고 내 혀가 입천장에 붙었나이다"라는 절규를, 요한복음 19장 34절에서 "그중 한 군인이 창으로 옆구리를 찌르니 곧 피와 물이 나오더라"와 요한복음 19장 30절 "다 이루었다"로 이어지는 말씀을 근거로 한 십자가의 고통과 희생의 이야기입니다.

이 십자가는 전통적인 십자가가 전달하는 평화와 부활의 메시지보다는 예수의 고난과 희생에 집중하여 앙상한 동봉의 구조를 통하여 고통 속에서 점차 소멸하는 육체와 자기 비움을 깊이 묵상하게 하며, 교차하고 얽힌 동봉들의 복잡한 구조는 인류의 죄와 구원의 복합적인 관계를 상징합니다.

오늘, 이 십자가 앞에서 나의 모든 죄 짐을 내려놓습니다. 그리고 날카로운 동봉들 사이에서 발견한 하나님의 희생과 사랑의 은혜…! 그 은혜 안에서 살아가기를 소망합니다.

십자가? 십자가! 십자가

정지은(나무를그리는공방 2020)
월넛
120×310×35mm

이 십자가는 구리 예닮교회 「나무를 그리는 공방」의 정지은 님이 2020년에 월넛(호두나무)으로 제작한 것입니다.

십자가 앞에 서 있는 인물은 두 팔을 활짝 벌려 십자가를 꼭 껴안고 있는 모습입니다. 이는 전통적으로 십자가 앞에서 기도하거나 예배하는 모습과는 다른 접근입니다. 인물의 자세는 완전한 항복과 수용을 나타내며, 동시에 적극적인 사랑의 표현으로 십자가는 우리가 기대고 안길 수 있는 최후의 의지처라는 고백입니다.

작가가 선택한 호두나무는 견고하면서도 따뜻한 질감을 가진 나무로 시간이 지날수록 짙은 갈색으로 변화하며 더욱 아름다워집니다. 이는 신앙이 시간과 함께 깊어지고 성숙해지는 과정을 상징하며, 호두가 딱딱한 껍질 안에 귀한 열매를 품고 있듯이 십자가의 고난 안에 숨겨진 구원의 보화를 의미하기도 합니다.

십자가 부분의 표면은 거칠고 투박하게 처리하여 자연 그대로의 질감을 보여주지만, 인물의 몸체는 매끄럽게 조각하여 부드러운 곡선미를 드러냅니다. 이는 십자가의 거칠고 고통스러운 현실과 그것을 통해 얻게 되는 부드럽고 평화로운 은혜를 시각적으로 표현한 것입니다.

갈라디아서 2장 20절 말씀에 "내가 그리스도와 함께 십자가에 못 박혔나니 그런즉 이제는 내가 사는 것이 아니요 오직 내 안에 그리스도께서 사시는 것이라" 하였습니다. 십자가는 단순히 바라보는 것이 아니라 십자가를 안을 때 주님과 온전히 연합할 수 있음을 보여줍니다.

성경에 예수님의 품에 안긴 이가 있습니다. 요한복음 13장 23절에 "예수의 제자 중 하나 곧 그의 사랑하시는 자가 예수의 품에 의지하여 누웠는지라"라고 하셨으니 이는 최후의 만찬에서 사도 요한이 예수의 품에 안겨 있는 모습으로 친밀한 사랑과 보호 속에 있는 모습을 상징합니다.

십자가를 꼭 끌어안으며 '주님이 내 안에, 내가 주님 안에'를 소망하는 것이 우리 신앙의 모습이 아닐까요? 우리가 예수의 품 안에서 온전히 보호받고 사랑받는 것처럼, 십자가를 껴안는다는 것은 결국 예수님의 품 안에 안기는 것과 같은 의미입니다. 십자가를 지는 것이 결국 주님께 안기는 길임을 믿을 때 고통의 십자가도 사랑과 기쁨이 됩니다. 예수는 십자가에서 우리를 안으셨고 우리는 그 품에 안겨 영원한 쉼을 누립니다.

작가 정지은은 "하나님의 마음과 생각을 다 헤아릴 수 없습니다. 선하신 길로 인도하심에도 믿음 없음과 어리석으므로 따라가지 못함을 내 안에서 보게 됩니다. 내 그릇은 아주 작아서 많은 것을 담을 수가 없습니다. 그래서 내 안에 무엇을 담을 수 있는지 생각합니다. 주님 곁에 갈 때까지 무엇을 지켜 낼 수 있을까요? 나의 주님을 끝까지 사랑하는 마음 하나입니다. 어제보다 오늘 더 예수님을 사랑하는 것…
예수를 내 생애 가장 사랑하는 날에 뵙는 것이 내가 할 수 있는 최선
입니다.”라고 고백하며 오늘이 사랑하는 예수님을 뵙는 날이기를
간절히 기도한다고 합니다.

두 팔을 벌려 십자가를 꼭 안고 있는 모습…. 이것이 내가 늘 꿈꿔
왔던 신앙의 모습이었습니다. 하지만 멀리서 십자가를 바라보는 것에
익숙했던 나…, 조심스럽게 거리를 두고 경외하던 나…, 그런 나에게
이 십자가가 말합니다. “가까이 와서 안아도 괜찮아”.

내 모든 연약함과 부족함을 내 모든 상처와 아픔을 다 안아 주실
만큼 넓은 그분의 품! 지금이 내가 주님을 가장 사랑하는 날입니다.

최영민(땀공방)
도자기
260×390mm

가시나무 십자가

이 십자가는 도자기로 만든 『가시나무 십자가』로 대구에서 활동하는 「땀공방」에 최영민 님이 만든 것입니다.

이 십자가는 전통적인 십자가의 평면 구조를 재해석하여 십자가의 윤곽선이 매끄러운 직선이 아니라 무수한 가시들의 연속으로 이루어져 있어 멀리서 보면 십자가의 형태를 유지하지만 가까이 다가갈수록 각각의 가시가 고통을 표현한 조형 언어임을 보여줍니다. 수직축을 따라 배열된 가시들은 하늘을 향한 기도와 절규를 상징하며, 수평축의 가시들은 세상을 향한 사랑과 포용을 나타냅니다.

초기 기독교 시대에는 십자가가 신앙의 상징으로 받아들여지지 않았습니다. 오히려 고통과 수치의 상징이었으며, 물고기나 비둘기 같은 다른 상징들이 더 많이 사용되었습니다. 그러나 시간이 지나면서 예수님의 희생을 기리는 상징으로 십자가가 자리 잡게 되었고 콘스탄티누스 대제의 기독교 공인을 통해 기독교가 로마 제국의 공식 종교가 되면서 십자가는 신앙의 중심 상징으로 부상하였습니다.

이러한 역사적 맥락에서 볼 때, 이 『가시나무 십자가』는 초기 기독교도들이 느꼈던 원초적 고통과 두려움을 현대적으로 재현한 작품으로,

원형의 가시 면류관이 예수의 머리에 씌워진 고난의 왕관을 상징한다면, 이 『가시나무 십자가』는 예수의 고통이 부분적이거나 상징적인 것이 아니라 온몸과 삶 전체를 뒤덮은 고통이었음을 보여주는 것입니다.

이 십자가의 재료는 도자기입니다. 도자기는 흙으로 만들어지지만, 불의 연단을 통해 단단하여지게 됩니다. 이는 예수의 십자가 여정을 떠올리게 합니다. 그분께서 겪으신 시험과 고난이 인류를 위한 구원의 도구가 되었듯이 도자기의 단단하여짐은 예수께서 이루신 사랑의 견고함을 상징합니다. 또한 도자기는 깨어지기 쉬운 연약한 것이기에 우리의 인간적인 나약함을 상기시키며 주님의 은혜 없이는 온전할 수 없음을 깨닫게 합니다.

가시나무는 예수께서 쓰셨던 면류관의 소재였으며, 인류의 죄악을 상징합니다. 그 날카로운 가시 하나하나가 우리의 연약함과 죄성을 찌르며 고발하는 듯합니다. 이 작품은 그 가시들을 연결하여 십자가 라는 거룩한 형태를 완성하였습니다.

이 십자가를 통해 우리는 '나에게도 가시가 있다면 그 가시가 주님을 위한 십자가가 될 수 있을까?'라는 생각을 하게 됩니다. 따라서 우리 는 십자가 앞에서 깊은 성찰에 잠기게 되며, 십자가가 단순히 과거의 역사적 사건이 아니라 현재 우리 삶 속에서 계속되는 구원 사역의 현실임을 깨닫게 됩니다.

이 십자가 앞에 서니 수없이 많은 가시가 '너의 가시는 어디에 있느냐'라고 묻는 것 같습니다. 나는 지금까지 내 가시들을 숨기려 했습니다. 아프다고 말하지 못하고, 힘들다고 토로하지 못하고, 그저 괜찮은 척 살아왔습니다. 이것은 배신당한 아픔의 가시, 저것은 외로운 상처의 가시, 그것은 좌절의 날카로운 가시, 또 다른 것은 오해받은 슬픔의 가시였습니다. 하지만, 이제는 내 가시들이 부끄럽지 않습니다. 내 상처들이 창피하지 않습니다. 이 모든 것들이 주님의 가시와 닮았 으니까요.

이제는 주님의 가시가 제 가시가 되는 그런 하나 됨을 허락하소서….

김경훈(L.A 2024)
나무
90×190×60mm

무릎 기도 십자가

이 십자가의 작가는 미국 L.A에서 활동하시는 김경훈 님으로, 어릴 적 머리맡에서 기도하시던 어머니의 모습을 기억하며 이 십자가를 만들었다고 합니다.

추운 겨울날 눈이 많이 와서 길이 얼어붙거나 한여름 장마철에 비가 많이 와 개울을 건널 수 없어 새벽기도회를 갈 수 없을 때, 어머니는 두 아들의 머리맡에 무릎 꿇고 간절히 기도하셨으며, 지금은 반백이 된 아들이 어머니가 무릎 꿇고 기도하시던 모습을 기억하며 그 모습을 형상화하여 이 십자가를 만들었습니다.

이 십자가의 구조는 무릎을 꿇고 기도하는 사람의 자세를 형상화한 것으로 아래쪽의 곡선은 무릎을 꿇은 다리를, 위로 올라가는 부분은 기도하는 상체를, 그리고 그 중앙에 세워진 진한 색의 십자가는 기도의 중심이 되시는 예수 그리스도를 상징합니다.

이『무릎 기도 십자가』는 어머니의 기도가 남긴 발자취와 같습니다. 그 기도가 있었기에 두 아들은 주님의 은혜 가운데 훌륭하게 설 수 있었고, 하나님 앞에서 자신을 낮추고 온전히 의존하는 겸손함의 신앙을 이 십자가에 표현할 수 있었습니다.

기도는 하나님께 보호와 인도하심을 구하는 중요한 행위입니다. 시편 91편 14~16절에 "하나님이 이르시되 그가 나를 사랑한즉 내가 그를 건지리라 그가 내 이름을 안즉 내가 그를 높이리라 그가 내게 간구하리니 내가 그에게 응답하리라 그들이 환난 당할 때에 내가 그와 함께하여 그를 건지고 영화롭게 하리라 내가 그를 장수하게 함으로 그를 만족하게 하며 나의 구원을 그에게 보이리라 하시도다" 하셨습니다. 하나님께서는 기도하는 자를 보호하시고 그의 곁에서 인도하심을 약속하십니다.

한국의 어머니들은 오랫동안 자녀를 위한 기도의 전통을 이어왔으며, 특히 새벽기도와 금식기도를 통해 자녀의 앞길을 위해 간절히 기도해 왔습니다. 이는 잠언 31장 15절에 "그는 밤이 새기 전에 일어나서 자기 집안 사람들에게 음식을 나누어 주며"라는 말씀과 같이 가족을 위해 희생하며 기도하는 어머니의 사랑입니다.

어머니의 무릎은 늘 바닥에 닿아 있었으며, 삶의 고단함 속에서도 기도의 자리를 지켰고 자녀가 넘어질 때마다 무릎으로 그들을 붙잡았으며, 어머니의 무릎은 기도의 다리가 되어 자녀와 하나님을 잇는 통로가 되었습니다.

그 기도는 오늘도 은혜로 이어져 이 십자가가 우리에게 '너의 무릎은 어디에 있는가? 너는 누구를 위해 무엇을 위해 기도하고 있는가?'라고 묻고 있으며, 이는 우리가 모두 어머니의 그 간절한 기도의 정신을 이어받아 무릎 꿇고 기도하는 삶을 살아야 함을 일깨워 줍니다.

이 십자가의 곡선적인 디자인은 어머니가 무릎 꿇고 기도하는 모습을 추상적으로 형상화한 것으로, 부드럽고 따뜻한 나무의 질감은 어머니의 사랑과 헌신, 그리고 그 기도 속에서 느낀 평온함을 느낄 수 있습니다. 기도가 자아내는 보호와 안도감이 잘 반영된 것으로 보이며, 보는 사람에게도 어머니의 헌신과 사랑이 담긴 기도의 순간을 떠올리게 하고, 그 안에서 마음의 평안을 느끼게 하는 힘이 있습니다.

김철규(2000)
소나무
195×540×70mm

베드로 십자가

이 소나무로 만든 십자가는 김철규 님의 작품입니다. 파킨슨병을 앓고 있는 작가가 병의 진행을 늦추기 위해 몸을 움직이며, 작업 자체를 행복으로 여기는 마음으로 제작한 작품입니다. 소나무는 한국 전통문화에서 불변의 절개와 영원함을 상징하는 나무로 베드로의 신앙과 순교 정신을 표현하는 재료로서 더욱 깊은 의미를 갖습니다.

이 작품은 큰 십자가가 거꾸로 매달린 또 하나의 십자가(검은색)를 품고 있는 모습입니다. 배경의 십자가는 외곽이 다듬어지지 않은 거친 모습에 소나무의 결과 조각도로 파헤쳐진 상처의 흔적과 넓게 뚫어진 구멍이 있으며, 거꾸로 매달린 또 하나의 검은색 십자가가 있습니다. 큰 십자가의 외곽이 나무의 자연스러운 곡선을 따라 험난한 길을 가는 듯하여 예수의 길을 따르는 베드로의 험난하고 굴곡진 여정을 느끼게 합니다.

거꾸로 매달린 검은색 십자가는 작품의 중심에 있습니다. 검은색은 엄숙함과 죽음, 순교를 상징하며, 베드로가 겪은 고통과 죽음을 상징적으로 표현하고 있습니다. 교회 전설에 따르면 베드로는 네로 황제 시대 그리스도교가 박해를 당할 때 로마에서 십자가에 거꾸로 매달려 순교했다고 전해집니다. 그래서 이 십자가의 제목이 『베드로 십자가』입니다.

이 십자가의 중심 부분에 넓게 뚫린 구멍이 있습니다. 이 구멍은 예수의 못 자국과 창 자국을 상징할 수도 있으며, 하나님이 우리에게 보여주신 "자기 비움"의 상징이기도 합니다. 또, 구멍이 나 있다는 것은 빛이 통과할 수 있는 길이 있다는 뜻이며, 그 공간을 통해 새로운 무언가가 들어올 수도 있습니다.

베드로에 관한 일화입니다. 로마의 그리스도교 박해가 시작되자 베드로는 신자들의 권유로 탄압을 피해 로마에서 빠져나와 도망가려 했습니다. 로마를 벗어나던 중 베드로는 자기와 정반대 방향 즉 로마로 가는 예수의 환영을 보고 깜짝 놀라 "주님, 어디로 가십니까?(Quo Vadis, Domine?)"라고 묻습니다. 이에 예수께서 "십자가에 다시 못 박히러 로마로 간다.(Venio Romam iterum crucifigi.)"라고 대답하자, 베드로는 목숨에 연연했던 자신의 허물을 뉘우치면서 다시 로마로 돌아가 복음을 전하다가 거꾸로 십자가에 매달려 순교하였다고 합니다.

이 『베드로 십자가』는 2021년 5월 명동성당 「갤러리 1898」에서 작품으로만 만날 수 있었는데, 그 후 작가 김철규 님을 안성 그의 공방에서 만났을 때 그는 파킨슨병의 아픈 몸으로 크고 작은 통나무 속을 파내고 조각하며 형상화하고 있었습니다.

한동안 신앙과 작품 이야기를 나누고 난 뒤 내가 십자가를 사자 십자가를 포장해 주는 그의 손은 심하게 흔들리고 테이프를 붙이려는 그의 손은 빗나가기만 하였습니다. 옆에서 바라보던 나는 순간적으로 의구심이 들었습니다. 저 손으로 어떻게 이걸 조각했을까?
"아니, 김 선생님 손이 그렇게 떨리는데 어떻게 조각합니까?"
그는 빙긋이 웃으며 "예, 몸으로 하지요."

　그는 자기의 어깨 부분을 가리키며 조각도(刀)를 어깨에 대고 온몸으로 밀어서 조각한다고 하였습니다. 순간 나도 모르게 눈시울이 뜨거워지고 의심한 내가 부끄러웠습니다.

　작가는 십자가를 자기 온몸으로 만들고 있었던 것이었습니다. 이 십자가는 단순한 조각이 아니라 작가의 몸과 신앙이 하나 되어 만들어진 작품입니다. 마치 베드로가 거꾸로 십자가에 매달렸던 것처럼 작가 역시 자신의 신체적 한계를 넘어서는 과정을 통해 이 작품을 완성했을 것입니다. 파킨슨병이라는 현대적 질병과 고대 순교자의 이야기가 만나 오늘날 우리가 겪는 고통의 한계 속에서도 신앙을 지켜 나가는 의미를 새롭게 조명합니다.

　작가가 떨리는 손 대신 온몸으로 조각했듯이 우리도 우리의 한계를 넘어서는 신앙의 길을 걸어가야 함을 이 작품은 일깨워줍니다.

최영민(땀공방 2022)
도자기
280×385×30mm

성령 십자가

이 십자가는 대구에서 「땀공방」을 운영하며 작품활동을 하는 최영민 님이 도자기로 만든 2022년도 작품입니다.

삼위일체란 성부(聖父 하나님), 성자(聖子 예수 그리스도), 성령(聖靈 Holy Spirit) 하나님을 이야기하며, 성령은 "하나님의 영(靈)" 또는 "보혜사 (Helper)"라고도 하고 인간을 도우시는 존재로 불, 바람, 기름, 물, 인 (印), 검(劍), 비둘기 등의 상징과 비유로 설명합니다.

이 『성령』이라는 제목의 십자가는 날아오르는 비둘기의 형상입니다. 이 십자가는 비둘기가 막 날갯짓을 시작하는 그 찰나의 순간을 포착한 듯, 보는 이로 하여금 성령의 살아있는 움직임을 체감하게 합니다.

작가는 날아오르는 비둘기의 형상을 선의 질감으로 표현함으로써 성령의 역동성을 시각적으로 전달하려 하였습니다. 비둘기의 날개가 퍼져 나가는 모습이 십자가 중심에서부터 방사형으로 뻗어 나가는 무수한 선들로 표현되었으며, 이러한 선들의 역동적인 흐름은 성령이 보는 이들의 삶 속으로 들어와 모든 것을 감싸고 변화시키는 것을 상징한다고 할 수 있습니다.

비둘기는 성경에서 평화와 순수, 신성함을 나타내는 상징으로 자주 등장하며, 마태복음 3장 16절에는 "예수께서 세례를 받으시고 곧 물에서 올라오실새 하늘이 열리고 하나님의 성령이 비둘기같이 내려 자기 위에 임하심을 보시더니"라고 기록되어 있습니다. 이렇게 비둘기의 형상이 성령의 강림과 임재를 표현하고 있습니다.

보통 성령은 불꽃의 형태나 붉은색으로 묘사되는 경우가 많으나 이 십자가는 청록색과 금색으로 표현하고 있습니다. 청록색은 전통적으로 평화와 치유, 생명수를 상징하며, 성령의 임재가 마음 깊은 곳으로 스며드는 은혜임을 표현합니다. 금색은 거룩함과 영광, 신성을 상징하며, 성령의 존재가 얼마나 고귀하고 신성한지를 강조하고 있습니다.

이 십자가는 섬세하면서도 역동적인 거친 질감이 특징입니다. 표면의 무수한 선들과 결은 성령의 역동성과 생명력을 표현합니다. 이 작품의 표면은 다채로운 선들과 질감으로 생동감 있게 표현되어 있습니다. 이는 비둘기가 하늘을 날아갈 때 깃털의 움직임과 바람의 흐름을 연상시키며, 성령의 활동적이고 역동적인 속성을 나타내려 한 디자인적 의도로 마치 성령의 바람이 작품 전체를 감싸며 흘러가는 듯한 느낌을 줍니다.

이 십자가 앞에 서면 고요한 바람이 지나가는 듯합니다. 날개를 펼친 비둘기의 형상이 십자가의 틀 안에 담겨 있지만, 그 안에 갇혀 있지 않습니다. 성령은 우리 안에 임하시되 결코 멈추지 않는 자유로운 존재입니다. 성령은 항상 우리 곁에 계시며, 우리를 인도하시고 위로하십니다. 로마서 8장 26~27절 말씀입니다. "이와 같이 성령도 우리의 연약함을 도우시나니 우리는 마땅히 기도할 바를 알지 못하나 오직 성령이 말할 수 없는 탄식으로 우리를 위하여 친히 간구하시느니라 마음을 살피시는 이가 성령의 생각을 아시나니 이는 성령이 하나님의 뜻대로 성도를 위하여 간구하심이니라"

기쁠 때 이 십자가는 우리와 함께 춤추는 것 같았습니다. 슬플 때는 포근한 날개로 감싸주시는 것 같았고, 혼란스러울 때는 확실한 방향을 가르켜 주셨습니다.

성령님, 당신은 언제나 우리에게 다가와 함께하여 주셨습니다. "성령이 말할 수 없는 탄식으로 우리를 위하여 친히 간구하시느니라" 하신 말씀을 통해 당신의 음성을 듣습니다.

김인선(사랑의교회)
도자기
100×270×40mm / 350×350×70mm

영혼의 십자가

이 십자가는 양평 부용리에서 작품활동을 하시는 사랑의교회 김인선 권사님의 도자기 작품입니다.

이 『영혼의 십자가』는 전통적인 직선 형태에서 벗어나 원통형이나 직사각형 형태에 가로 막대를 결합하여 만들어졌습니다. 이는 종교적인 상징과 현대적인 조형미가 조화를 이룬 십자가입니다.

원통형은 완전함과 영원함의 상징으로, 시작과 끝이 없는 하나님의 영원한 사랑과 구원의 완전함을 떠올리게 합니다. 또, 원통형의 곡선은 부드러움과 포용을 상징하며, 이는 모든 이를 품으시는 하나님의 자비하심을 생각하게 합니다. 원통이라는 입체적 형태는 모든 방향에서 바라보아도 그 본질이 변하지 않는 진리의 보편성을 상기시킵니다.

사각형 통은 견고함과 안정성의 상징으로, 네 모서리는 복음이 온 세상 사방으로 퍼져나감을 상징합니다. 사각형은 구조적으로 안정감을 주는데 이는 우리 신앙의 견고한 기초가 되시는 그리스도를 의미할 수 있습니다.

원통형 바탕의 검은색 십자가에 흰색 유약이 흘러내리는 모습은 예수의 피와 물이 흘러내린 골고다 언덕을 연상시키며, 마치 죄와 어둠으로 덮인 세상에 흘러내리는 거룩한 희생을 상기시킴과 동시에 어둠 속에서 빛나는 구원의 은혜와도 같습니다.

유약의 흐름은 고난과 시련의 흔적을 시각적으로 표현한 것으로 치유와 회복을 찾아가는 인간의 여정을 상징합니다. 유약이 흘러내리는 듯한 표현 방법은 도자기 제작 과정에서 중력과 열에 의해 자연스럽게 형성됩니다. 유약을 도자기 표면에 바르고 가마에서 높은 온도로 구울 때 유약을 두껍게 바르면 더 많이 흘러내리고, 얇게 바르면 미세한 흐름을 만들 수 있습니다.

흙으로 십자가를 빚는 것은 우리를 창조하신 하나님의 손길을 생각하게 합니다. 창세기 2장 7절에 "여호와 하나님이 땅의 흙으로 사람을 지으

라고 하셨습니다.

　흙을 빚어 구워내는 도자기는 고난과 정화의 과정을 상징하며, 도자기가 불에 구워질 때 나타나는 색감과 질감은 고난을 견디고 나온 후의 성숙함과 회복을 표현한 것입니다.

　우리는 모두 흙에서 왔고 다시 흙으로 돌아갈 존재입니다. 그러나 십자가는 흙에 머무르지 않습니다. 도자기로 구워진 이 십자가는 불의 연단을 통해 단단하게 완성되었습니다. 흙과 불이 만나 십자가가 되었듯 우리의 삶도 고난과 연단을 통해 새롭게 빚어져 갑니다.

　십자가의 가로와 세로로 뻗어나가는 형태는 하나님의 사랑이 우리의 높음과 낮음, 멀고 가까운 모든 곳에 미친다는 사실을 상기시 킵니다. 흙과 불이 만나 십자가가 되었듯 우리의 삶도 고난과 연단을 통해 새롭게 빚어져 갑니다.

십자가? 십자가! 십자가

예수를 바라보자 십자가

이 십자가는 오랜 시간 믿음을 같이 해온 후배 김형균 장로(한강중앙교회)가 십자가 이야기를 나누며, 아이디어를 공유하고, 함께 스케치하던 것을 작품으로 구현한 것으로, 예수의 고난을 추상적이고 기하학적으로 표현한 전통적이면서도 동시에 현대적인 미학을 결합한 작품입니다.

이 십자가에서 가장 눈에 띄는 것은 12조각의 동판으로 표현된 예수의 형상입니다. 12라는 숫자는 성경에서 완전함을 상징하는 중요한 숫자로 예수의 열두 제자, 이스라엘의 열두 지파를 떠올리게 합니다. 12조각의 동판 조각들은 날카롭고 불규칙한 형태로 예수의 고통과 희생을 임시하는 듯합니다.

동판이라는 재료 선택의 의미가 깊습니다. 구리는 성경에서 심판과 정화를 상징하며, 번제단이나 성전 기구에 사용되었습니다. 시간이 지나면서 산화되어 변색하는 동판의 특성은 예수의 고난과 변화, 그리고 시간을 초월한 구원의 메시지를 의미합니다

이 십자가에서 예수의 머리 모양을 제외한 나머지 조각들과 받침대는 삼각형 형태를 이루고 있습니다. 삼각형은 기독교에서 삼위일체(성부, 성자, 성령)를 상징하는 전통적인 도형입니다. 이 삼각형 조각들은

다양한 방향으로 향하고 있습니다. 위로 향한 삼각형은 하나님을 향한 소망과 영광을, 아래로 향한 삼각형은 인간을 향한 사랑과 희생을 나타내는 것으로 해석할 수 있습니다. 이러한 양방향의 움직임은 예수의 하늘과 땅을 연결하는 중보자의 역할을 상징적으로 보여줍니다.

십자가를 지탱하고 있는 나무 받침대는 자연 그대로의 모습을 간직하고 있습니다. 거친 나무의 결과 굴곡 그리고 자연스러운 삼각형 형태는 인공적인 동판 십자가와 대조를 이루며 흥미로운 조화를 만들어냅니다. 이 나무 받침대는 땅에 뿌리를 둔 인간의 현실을 상징하면서 십자가를 통해 하늘로 향하는 소망의 다리 역할을 합니다.

또, 예수의 몸을 형성하는 삼각형 조각들은 각각 깨어진 조각처럼 보이지만 함께 모여 조화롭고 완전한 형상을 만들어냅니다. 이는 우리의 불완전함이 하나님의 은혜로 인해 온전함으로 변화된다는 메시지를 담고 있습니다.

이 십자가를 바라보며 히브리서 12장 2절 "믿음의 주요 또 온전하게 하시는 이인 예수를 바라보자 그는 그 앞에 있는 기쁨을 위하여 십자가를 참으사 부끄러움을 개의치 아니하시더니 하나님 보좌 우편에 앉으셨느니라"라는 말씀이 생각납니다. 조각난 동판들이 하나의 완전한 형상을 이루듯이, 우리의 부족함도 예수를 바라볼 때 온전함에 이를 수 있다는 소망을 줍니다.

과거의 실패도, 현재의 부족함도, 미래의 불안도 당신을 바라보는 순간 새로운 의미를 갖게 되었습니다. 당신이 참으신 십자가는 부끄러움이 아니라 영광이었고 끝이 아니라 시작이었습니다. 주님! 제가 져야 할 십자가도 불평하지 않고 기쁨으로 질 수 있는 힘을 주시옵소서.

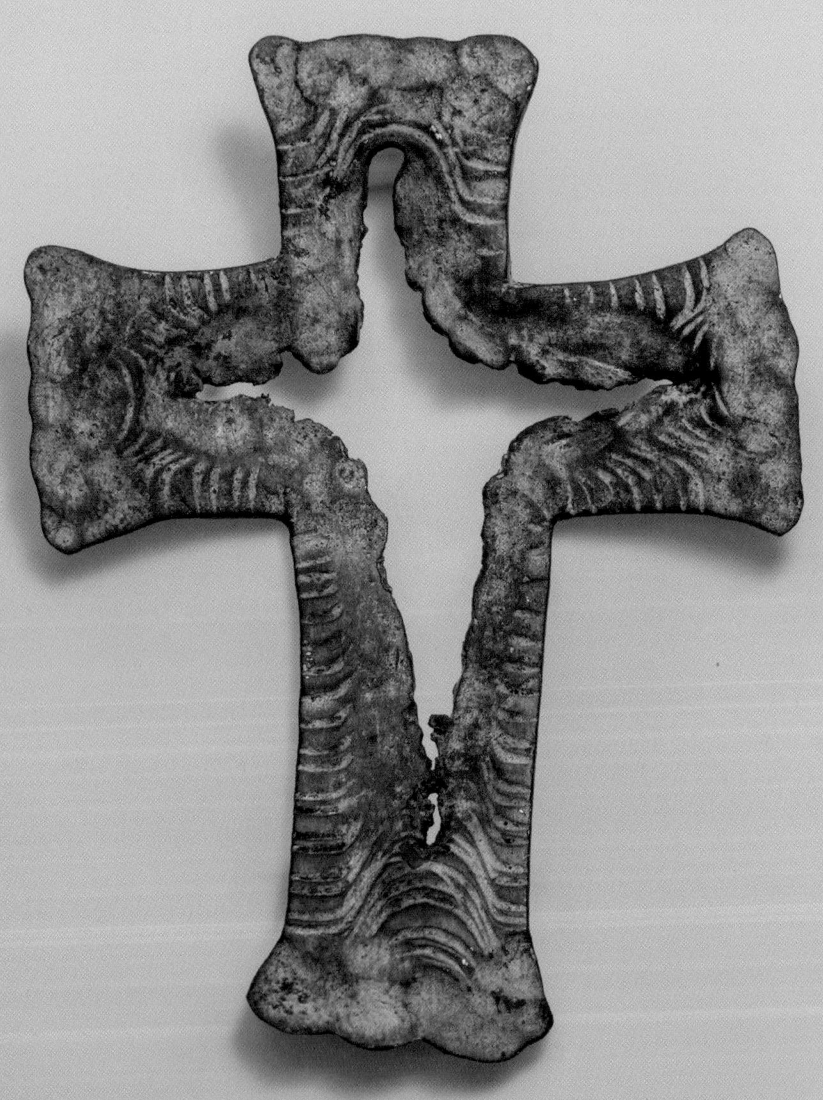

김동준 ㈜철쟁이 2014)
무쇠
210×390×5mm

56

십자가? 십자가! 십자가

위로 십자가

이 십자가는 「㈜철쟁이」를 운영하는 김동준 님의 2014년도 작품으로 작가가 대장간에서 직접 단조(鍛造) 하여 만든 작품입니다.

작가는 대장간을 운영하며 달군 쇠를 망치로 두드려 십자가를 만들었습니다. 저마다의 아픔을 지니고 살아온 우리 시대에 잃어버린 것들에 대한 안타까운 마음을 뜨거운 용광로에 넣고 담금질하고, 망치질할 때마다 드러나는 상처의 자국, 찢겨 나가는 상처의 아픔을 느끼며 이 십자가를 만들었다고 합니다.

쇠가 불에 달구어진다는 것은 단순한 공정이 아니라 깊은 영적인 의미가 있습니다. 성경에서도 불은 정화, 연단, 시험, 그리고 하나님의 임재를 상징합니다. 1,000도가 넘는 뜨거운 불 속에서 쇠를 달구고 망치로 두드려 형태를 잡아가는 과정은 이사야 48장 10절 "보라 내가 너를 연단하였으나 은처럼 하지 아니하고 너를 고난의 풀무에서 택하였노라"라고 하신 말씀과 같이 하나님의 손안에서 깎이고 다듬어지며 빚어지는 우리 삶의 이야기입니다.

대장장이가 망치를 들어 쇠를 두드릴 때, 처음에는 거친 덩어리에 불과합니다. 그러나 대장장이가 망치질할 때마다 쇠는 찌그러지고 일그러지며 서서히 형태를 갖춰갑니다. 십자가가 완성되기까지 반복해서 불에 달구고, 망치질하고, 찬물에 담그고, 다시 불 속으로 넣는 과정이 반복됩니다.

대장장이의 담금질! 망치질을 마친 쇠는 찬물 속에 담겨집니다. 이것은 단순히 식히는 과정이 아니라 쇠를 더욱 강하고 단단하게 만드는 과정입니다. 각각의 과정에서 망치 자국은 우연이 아니라 의도된 조형이며, 이 모든 상처가 모여 십자가라는 완전한 형상을 만들어냅니다.

우리의 인생도 마찬가지 아닐까요? 때로는 고난 속에서 두들겨지고, 상처가 나고, 삶의 일부가 찢겨 나갈 때도 있습니다. "고난 당한 것이 내게 유익이라 이로 말미암아 내가 주의 율례들을 배우게 되었나이다" (시 119:71)

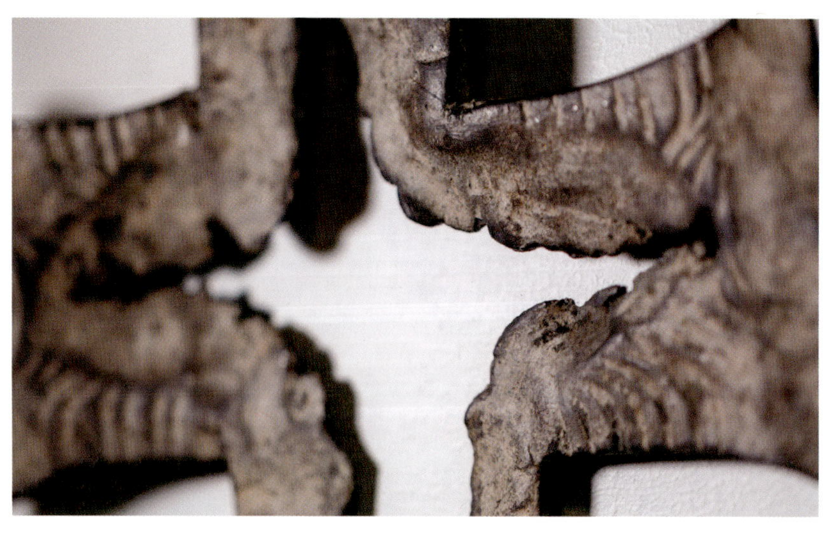

반복되는 시련과 회복의 과정을 통해 우리는 더 견고한 믿음으로
성장해 갑니다.

쇠를 달구고 두드리는 과정에서 망치 자국이 깊이 새겨지고, 결국
가운데 부분이 찢겨 나가 십자가 형태가 되었습니다. 이는 마치
십자가를 통해 겪는 고난과 단련, 그리고 상처 속에서 드러나는 예수의
고난을 표현한 것처럼 보입니다. 십자가의 중심이 찢어져 또 하나의
십자가 형태를 이루었습니다. 십자가 안에 십자가는 망치질과 찢김,
그리고 상처의 흔적입니다.

이 찢어진 공간은 새로운 의미의 창조입니다. 상처가 또 다른 십자가
가 되어 구원의 메시지를 전달합니다. 우리의 상처와 아픔도 하나님의
손길 안에서는 다른 이들을 위로하고 치유하는 십자가가 될 수 있음을
보여줍니다. 갈라진 틈마다 새겨진 위로와 소망을 느끼며, 우리는
다시금 십자가를 통해 사랑받고 있음을 알게 됩니다.

*"그가 찔림은 우리의 허물 때문이요 그가 상함은 우리의 죄악 때문이라
그가 징계를 받으므로 우리는 평화를 누리고 그가 채찍에 맞으므로 우리는
나음을 받았도다"*라는 이사야 53장 5절 말씀처럼, 우리의 허물과 상처를
대신 짊어지신 주님의 사랑 안에서 참된 위로가 임하기를 소망합니다.

십자가? 십자가! 십자가

주님의 발 십자가

이 십자가는 금속공예가 「all that hammer」 김재윤 님이 철재를 두들겨 만든 작품으로, 날카롭고 긴 십자가에 예수의 발과 못 자국을 사실적으로 묘사하여 현실감 있게 표현하였습니다.

일반적으로 십자가는 예수의 상처 난 온몸을 표현하거나 단순히 십자가 형태만을 표현하는 경우가 많은데, 작가는 십자가와 발에 초점을 맞추면서 예수의 고난과 죽음을 통한 구원의 의미를 발로 이야기하고 있습니다.

예수의 발. 베들레헴의 말구유에서 처음 땅을 디딘 그 발, 나사렛 목수의 집 마당을 뛰어다니던 어린 시절의 발, 갈릴리호숫가의 차가운 모래를 밟으며 제자들을 부르시던 그 발. 메마른 땅 황폐한 광야를 걸으며 찢기고 상한 거칠어진 예수의 발, 그의 발길이 머문 곳에서 죽은 자가 살아나고, 병자가 고침을 받는 기적의 역사가 일어났습니다.

요한복음 13장 5절에 보면, 예수는 대야에 물을 떠서 제자들의 발을 씻으시고 그 두르신 수건으로 제자들의 발을 씻어주셨습니다. 또, 마리아는 요한복음 12장 3절에서 "지극히 비싼 향유 곧 순전한 나드 한 근을 가져다가 예수의 발에 붓고 자기 머리털로 그의 발을 닦으니" 하였습니다. 예수의 발아래는 용서와 회복, 치유가 있는 자리입니다.

예수의 발은 고난의 길 곧 십자가를 향한 순종의 길을 걸었습니다. 예루살렘 입성에서부터 골고다 언덕까지 그 발은 고통과 사랑의 길을 걷는 상징입니다. 로마서 10장 15절에 *"아름답도다 좋은 소식을 전하는 자들의 발이여 함과 같으니라"* 하셨으니, 주님의 발은 평화와 구원의 복음을 이 땅에 가져오셨습니다. 주님은 지금도 그 못 박힌 발로 우리를 향해 오고 계십니다.

의학적으로 볼 때, 신체 표면적의 약 2%에 불과한 발바닥이 온몸을 지탱하며, 26개의 뼈와 33개의 관절 100개 이상의 근육·힘줄·인대로 구성된 발은 심장에서 가장 멀리 떨어져 있으면서도 보행 시 강력한 압력으로 정맥혈을 심장으로 되돌려 보내는 중요한 펌프 역할을 담당합니다. '레오나르도 다 빈치'는 사람의 발을 가리켜 '인간 공학상 최대의 걸작이자 최고의 예술품'이라고 말했다고 합니다.

교회 음악에서 볼 때, 디트리히 북스테후데(Dietrich Buxtehude, c. 1637~1707)의 대표적인 성악 작품이며, 바로크 시대 교회 음악의 걸작 중 하나로 평가받고 있는 칸타타 "우리 주 예수의 몸"(Membra Jesu nostri, BuxWV 75) 이 있습니다.

이 작품은 십자가 위 예수의 몸을 묵상하는 경건한 음악으로, 7부로 나뉘어 있습니다. 1부는 예수의 발(Ad pedes), 2부는 예수의 무릎(Ad genua), 3부는 예수의 손(Ad manus), 4부는 예수의 옆구리(Ad latus), 5부는 예수의 가슴(Ad pectus), 6부는 예수의 심장(Ad cor), 7부는 예수의 얼굴(Ad faciem)로 구성되어 있습니다.

1부 예수의 발은 5악장으로 구성되어 있으며, 1악장 콘체르토(서두 성경 구절)에는 "예수의 발 : 보라, 평화를 전하며, 복된 소식을 전하는 자들의 발이 어찌 그리 아름다운가!"(롬 10:15)로 시작합니다. 2악장 아리아 1은 "평안하라, 평안하라, 거룩한 발이여, 나를 위하여 온전히 지쳐 계신 발이여, 죄악의 모든 짐을 짊어진 발이여, 못에 박힌 고통 가운데, 나는 내 마음을 이 발에 고정하오니, 기쁨으로 일어나기 위함 이니이다."라고 표현하고 있습니다.

이 칸타타는 단순한 음악이 아니라 신앙의 무릎 꿇음이며, 예수의 발 앞에서의 고백입니다. 발은 가장 낮은 곳이자 헌신이 닿는 곳입 니다. 그곳에 마음을 고정한다는 표현은 십자가의 고난에 내 마음을 붙들어 매겠다는 깊은 결단의 상징입니다.

어느 무명 시인의 신앙 시 '십자가 앞에서'를 묵상합니다.

"그분의 발 아래에
나는 아무 말도 하지 않는다.

말은 바람이 되어
이미 그분의 옷자락을 스쳤고
나는 다만 무릎을 꿇는다.

무릎의 뼈마디에서
철퍼덕, 죄가 무너진다

그분의 못 박힌 발에서
피가 아니라
용서가 흘러내린다."

이영우(2011)
못, 나무
195×205×65mm

Jesus 십자가

이 십자가는 이영우 님이 2011년에 못으로 만든 작품입니다.

십자가의 중심에 대못을 수직으로 세우고 그 위에 Jesus라는 글자를, 못을 구부려 형성하였습니다. 이는 예수의 십자가 처형과 그로 인한 고통을 표현한 것입니다. 못은 예수의 손과 발에 박힌 못을 상징하는 것입니다. 거친 손길이 단단한 못을 구부려 휘어 한 글자 한 글자 못으로 새겨진 이름 Jesus…!

J – 엎어지듯 구부러진 못 하나
e – 꺾인 못 둘이 서로 기대어 서 있다
s – 길을 잃은 듯한 곡선, 그러나 결국 제 자리를 찾은 듯
u – 깊이 내려앉았다가 다시 일어서는 듯 구부러진 곡선
s – 마지막으로 한 번 더 구부러져 완성된 그 이름

흩어진 듯한 못 조각들이 모여 하나의 이름을 이루었습니다. 글자의 형태가 유기적으로 흐르는 듯한 곡선과 직선이 조화를 이루고 있습니다. 나무 받침대에 옹이와 굴곡이 마치 동굴과 광야를 상징하는 듯하여 십자가가 세워진 '골고다'를 연상시키며 믿음의 여정 속에서 우리가 지나가야 할 고난의 길을 암시합니다. 못이라는 고통과 희생의

도구로 형성된 글자 Jesus! 예수는 진리이며, 생명이시며, 하나님께로 이르는 길입니다.

　못이라는 고통과 희생의 도구로 형성된 글자인 Jesus가 마치 공중에 떠 있는 듯한 형태를 지닌 그것은 예수의 부활과 승천을 연상시키며, 예수의 이름이 허공에 떠 있는 듯한 구성은 단순한 조형적 효과를 넘어, 예수 그리스도가 이 세상의 주관자이며, 온 우주를 다스리는 왕이심을 강조하는 것처럼 보입니다.

　이 십자가의 구도는 수직 구조를 통해 신성과 희생을 강조하고, 곡선적인 글자 형태로 은혜와 생명을 표현하며, 거친 받침대로 현실 세계의 고난과 신앙의 여정을 담아냈습니다. 또한, 여백과 개방적인 디자인을 통해 자유의 의미까지 함축하고 있습니다.

시각디자인을 전공한 작가는 "늘 새로운 아이디어를 내야 하는 광고디자인을 천직으로 알고 열심히 살아오던 중, 50세라는 뒤늦은 나이에 예수를 영접하였습니다. 짧은 기간이지만 많은 환상과 음성을 통해 하나님 나라를 알게 해 주셨고, 모든 것을 다 내려놓게 하시던 3년 전, '말씀을 십자가에 표현하라'는 소명을 받고 십자가에 못 박혀 돌아가신 예수를 상징하는 의미에서 못을 주요 소재로 하여 말씀을 십자가에 상징적으로 형상화하는 작업을 하고 있다"고 합니다.

못이 휘어지지 않았다면, 그저 날카로운 고통으로 남았을 것입니다. 그러나 휘어진 못은 새로운 의미를 찾았고 그 이름을 형성하는 일부가 되었습니다.

나는 그 이름 안에서 내 자리를 찾습니다. 아프게 찌르는 못이 아니라 이름을 이루는 못이 되고 싶습니다. 흩어진 조각이 아니라 십자가의 일부가 되고 싶습니다. 십자가에 못 박힌다는 그것은 완전히 사라지는 것이 아니라 그 이름과 하나 되는 것이 아닐까요?

십자가에 박힌 못이 고통의 상징이 아니라 사랑의 증거였던 것처럼, 내 삶에 박힌 못들도 상처가 아니라 은혜의 자국이었습니다. 하나하나 구부러져 당신의 이름을 써내려 가는 못들의 고백 Jesus, 못으로 쓰인 그 이름 안에서 나는 오늘도 새롭게 구부러집니다.

한승남(상서제일교회 2021)
철조망, 탄피
570×880×105mm

68

십자가? 십자가! 십자가

철조망 십자가

이 십자가는 화천 상서제일교회 한승남 장로가 성전 건축 기념으로 만든 것입니다. 화천 상서제일교회는 강원도 화천군 상서면 파포리 38선 마을에 세워진 교회로 북위 38도 위쪽에 있어 휴전선이 생기기 전에는 북한 땅이었습니다.

6·25전쟁으로 폐허가 된 이곳에 1958년 초가로 교회가 세워졌고 1971년 성도들이 직접 돌을 날라 교회를 지었으나 비가 새고 낡아 2021년 이강호 목사가 새롭게 긴축하였습니다. 교회 건물은 노출 콘크리트 필로티 방식으로 회랑을 지나 앞마당을 거쳐 들어갈 수 있으며, 회랑 끝 난간에 사진과 같은 『철조망 십자가』가 세워져 있습니다.

화천은 한국전쟁의 주요 전투지였으며, 전후에는 전방의 군사적 요충지로 철조망과 군사 시설을 일상적으로 접하는 곳입니다. 이 십자가는 낡은 휴전선 철조망을 엮어 만든 것이며, 받침대인 포탄 탄피는 교회 뒤편 농지를 개간할 때 매몰되어 있는 것을 발굴한 것입니다.

철조망은 아픔과 고통, 단절의 상징입니다. 한국전쟁(1950~1953) 이후 한반도는 휴전선으로 남북이 나뉘어졌으며, 그 경계를 표시하기 위해 철조망이 설치되었습니다. 이 철조망은 남북한을 가로막는

군사분계선으로 물리적 경계이자 이념적 갈등의 상징입니다.

특별히 이 작품에 사용된 철조망은 38선에 설치되어 70여 년간 분단의 역사를 몸소 겪어 온 증인입니다. 수많은 계절을 견디며 바람과 비를 맞고, 긴장과 대립의 현장을 지켜보았던 이 철조망이 폐기되어 화해를 상징하는 십자가로 재탄생한 것입니다. 원형의 철조망이 십자가를 감싸는 듯한 모습은 하나님의 사랑이 우리의 상처와 아픔까지도 품어 안으신다는 의미로 해석되며, 원형은 완전함과 영원함의 상징으로 분단의 현실을 넘어서는 하나님의 영원한 평화를 나타냅니다.

탄피는 전쟁과 폭력, 죽음의 상징입니다. 한국전쟁은 수백만 명의 사상자를 낳았으며, 전후에도 남북한 사이의 갈등과 긴장은 여전히 존재합니다. 받침대인 105mm포탄 탄피는 70여 년의 세월 동안 땅속에서 부식되어 외부에 구멍이 뚫린 상태입니다. 부식된 포탄 탄피가 이제는 평화의 상징인 십자가를 받치는 기초가 된 것은 과거의 상처가 미래의 희망을 떠받치는 토대가 될 수 있음을 보여줍니다.

이곳에서 교회를 섬기는 작가는 이러한 역사적 흔적을 통해 인간이 만들어낸 고통의 깊이를 체감하는 동시에

시간과 은혜를 통한 치유와 변화의 가능성을 이 십자가에서 찾고자
하였습니다.

이 십자가는 분단의 아픔을 겪고 있는 한반도에서 우리가 짊어져야
할 현실을 직시하고, 그 속에서 하나님이 주시는 화해와 평화를 묵상
하게 합니다. 철조망과 탄피가 십자가로 변화된 것처럼, 단절과 아픔이
있는 곳에서도 예수는 자신의 몸을 내어주셨음을 깨닫게 합니다.
　이제 갈라진 마음 위에 십자가를 놓아 봅니다. 아픔을 껴안고 십자가
를 붙들면 고통이 희망이 되고, 절망이 기도가 되고, 눈물이 평화의
씨앗이 될 것입니다.

"그는 화평이니 둘로 하나를 만드사 원수 된 것 곧 중간에 막힌 담을 자기
육체로 허시고" (엡 2:14)

김동규(2008) / 김재현(2010)
나무
200×300×50mm

하나 됨(ONENESS) 십자가

이 십자가는 『하나 됨(ONENESS)』이라는 제목으로 홍익대학교 조소과를 졸업한 김동규 작가가 2008년에 제작한 작품으로 나무를 주재료로 하여 제작되었으며, 12종류의 서로 다른 나뭇조각들(흑단목, 나왕, 뉴송, 삼목, 느티나무, 살구나무, 소나무, 편백, 은행나무, 레드파인, 멀바우 등)을 조화롭게 결합하여 십자가 형태를 만든 작품으로, 비슷한 시기에 양평군 용문의 김재현 님도 이와 같은 작품을 제작하였습니다.

이 십자가의 특징은 블록 조립 방식의 구성으로 크고 작은 정사각형과 직사각형의 나무 조각들이 마치 퍼즐처럼 정교하게 맞물려 십자가 형태를 이루며, 각 조각은 서로 다른 나무와 어우러져 고유한 색상과 나뭇결을 보여주면서 하나의 조화로운 십자가를 완성합니다.

주목할 점은 조각목들의 층위(層位) 배치입니다. 앞쪽에 돌출된 조각들과 뒤쪽에 자리한 조각들이 서로 다른 깊이를 만들어내어 십자가에 입체적 생동감을 부여합니다. 검은색 조각들의 배치는 시각적으로 돋보이는 역할을 하여 전체 구성을 안정시키면서도 밝은 톤의 나무들과의 명도 대비를 통해 각 조각의 존재감을 극대화하였습니다.

나무라는 재료는 예수께서 못 박히신 십자가를 연상시킵니다.

동시에 생명과 성장의 상징인 나무를 통해 십자가의 생명력을 표현하고 조각의 위치와 색채가 세심하게 배치되어 이루는 균형은 개인의 헌신과 역할이 전체 공동체의 조화를 보여줍니다.

이 십자가를 바라보면 어떤 조각은 상처와 옹이로 거칠지만, 그 거칢마저도 전체의 아름다움에 기여하고 있어 우리 인생의 아픔과 시련도 하나님의 계획 안에서 의미가 있음을 깨닫게 합니다. 거친 결의 조각에서는 폭풍 같은 인생이 느껴지고, 매끄러운 조각에서는 평온한 일상이 보입니다. 어떤 조각은 크고 눈에 띄지만, 어떤 조각은 작고 뒤에 가려져 잘 보이지도 않습니다. 그러나 하나같이 제 역할을 합니다.

그렇게 모든 조각은 각자 자리에 놓여 십자가를 완성합니다. 그 작은 조각 하나가 없었다면, 이 십자가는 불완전했을 것입니다. 마치 우리의 삶처럼 느껴집니다. 나는 때로 작고 볼품없고 보잘것없는 존재라

느낄 때가 있습니다. 하지만 하나님의 계획 속에서 나는 없어서는 안 될 조각임을 깨닫습니다. 나는 하나님의 십자가 작품 속에 필요한 조각이었음을 깨닫습니다.

이 십자가를 바라보니 열두 종류의 나무들이 제각각 다른 이야기를 속삭입니다. 검은 조각은 누군가의 깊은 절망을 닮았고, 밝은 조각은 누군가의 소망찬 웃음을 담았습니다. 거친 결의 조각에서는 폭풍 같은 인생이 느껴지고, 매끄러운 조각에서는 평온한 일상이 보입니다. 참으로 신기한 것은 하나하나는 불완전해 보이던 조각들이었는데 함께 모이니 완전한 십자가가 되었습니다.

고린도전서 12장 12, 14절 말씀(새번역) "몸은 하나이지만 많은 지체가 있고 몸의 지체는 많지만, 그들이 모두 한 몸이듯이, 몸은 하나의 지체로 되어 있는 것이 아니라 여러 지체로 되어 있습니다."

박만철(2023)
스테인리스, 강돌
440×120×650mm

하늘 창 십자가

이 십자가는 서초미술협회 회장 조각가 박만철 님의 2023년 작품으로 강돌 위에 수많은 작은 십자가들로 원형 십자가를 만들어 세우고, 그 가운데 십자가 형태의 창을 내어 『하늘 창 십자가』라 이름하였습니다.

이 십자가 모양의 창문은 하나님과 인간 사이의 연결 통로로, 하늘을 향한 열림을 나타내며, 오직 십자가만을 통하여 하늘나라로 나아갈 수 있음을 시각적으로 표현한 깃입니다.

하나의 큰 하늘 창을 이루는 수많은 작은 십자가는 우리 신앙인이 서로서로 손을 맞잡고 믿음공동체를 이루며 살아가는 모습을 형상화한 것으로 연대와 협력, 그리고 공동체적 신앙의 중요성을 강조한 것으로 우리의 작은 믿음과 고백들이 모여 하나님의 나라를 이루어 감을 상징합니다.

십자가의 소재인 스테인리스는 내구성이 강하고 반사성을 지닌 금속으로 영원함과 순수함을 상징하여 예수 그리스도의 변치 않는 성품과 영원한 약속을 표현한 것입니다. 또한 빛을 반사하는 특성은 그리스도의 빛이 세상에 반사되어 퍼져나가는 것을 의미하기도 합니다.

작가는 강에서 구한 강돌을 받침으로 사용하였습니다. 오랜 시간 강바닥이나 강가에 있던 강돌은 예수가 금식 기도 하시던 거친 광야를 상징하며, 신앙의 여정에서 흔들림 없는 기초 위에 굳건히 서서 영원한 구원의 약속을 바라보며 살아가야 한다는 의미를 담고 있습니다. 자연이 만든 견고한 토대 위에 인공의 정교한 구조물이 서 있는 것은 '자연과 은혜', '창조와 구속'의 조화를 보여줍니다.

이 『하늘 창 십자가』의 제작 과정은 많은 인내를 요구하는 고단한 작업입니다. 먼저 원형의 기본 틀을 석고로 만든 후, 그 표면에 스테인리스 십자가 2,000여 개를 하나씩 덧대어 용접하는데, 용접 부위가 앞면에만 용접할 수밖에 없다 보니 용접된 십자가가 서로 들고 일어나게 되고 이를 망치로 두드려 다시 붙이는 과정이 반복되는 공정입니다. 그러다 보니 이 스테인리스 십자가 구체(球體)를 제작하는 데만 꼬박 1개월 이상이 걸린다고 합니다. 오랜 인내의 작업으로, 연대와 협력의 상징을 이루어낸 것입니다.

원형 구조 안의 십자가 형태의 빈 곳은 '비움을 통한 채움'의 역설을 보여줍니다. 물질로 채우지 않고 비워둠으로써 오히려 하늘의 빛과 공간이 채워지게 하는 것은 자아를 비울 때 하나님의 은혜가 충만해진다는 영적 진리를 시각화한 것입니다.

십자가 모양의 창문은 예수 그리스도의 희생을 통해 인간에게 열린 구원의 문이 항상 열려 있음을 상징하며, 누구든지 이 문을 통해 들어오면 구원을 받을 수 있다는 메시지를 전달합니다. 이는 요한복음 10장 9절에 *"내가 문이니 누구든지 나로 말미암아 들어가면 구원을 받고 또는 들어가며 나오며 꼴을 얻으리라"*라고 하신 말씀을 생각하게 합니다.

이 광야에 십자가 하나가 서 있습니다. 광야 같은 삶에서 자주 주저앉고 방황하지만, 십자가를 통해 하늘이 열린 것입니다. 수많은 작은 십자가들은 나의 부족한 모습으로 서툰 믿음, 어설픈 기도, 깨어지는 순종의 조각들입니다. 교만과 불평, 두려움과 한계 그것들이 작은 십자가가 되어 수없이 흩어져 있습니다. 그 조각난 십자가들이 하나가 되어 거대한 '하늘 창'을 엽니다. 내 작은 믿음과 기도가 하나님의 창이 되고, 그 창을 통해 하나님이 나를 바라보십니다. 삶의 고난 속에서 한숨짓는 이에게 이 창은 은혜와 축복의 통로가 될 것입니다.

주님! 오늘도 십자가를 통해 바라본 하늘 그곳에 담긴 소망과 사랑을 기억하며 광야의 길을 믿음으로 걸어가게 하옵소서.

심현규
흑단목(Ebony, 黑檀木)
120×120×80mm

흔적 십자가

이 십자가는 「나무와 인(人)」 공방을 운영하는 심현규 님이 자재를 사려고 늘 다니던 목재상을 방문하여 이곳저곳을 둘러보던 중, 창고 뒤편 폐기물 더미에서 발견한 흑단목(Ebony, 黑檀木)으로 속심에 균열이 생겨 사용할 수 없어 잘라버린 자투리입니다.

원래 흑단목은 가장 단단하고 밀도 높은 목재로 가공이 어렵고 힘든 특수목으로 무거워 물에 뜨지 않고 가라앉는 귀한 재료입니다. 그런데도 건조과정에 내부 수분의 불균형이나 외부 온도와 습도의 급격한 변화, 내재된 장력, 수지(樹脂) 함량과 구조적 특성으로 자연스럽게 균열이 생기는 경우가 가끔 있습니다.

흑단목(Ebony, 黑檀木)은 아프리카, 인도, 스리랑카, 동남아시아, 필리핀 등지에서 생산되며, 중심부(심재)는 검은색에 가까운 진한 흑갈색이며, 외피(변재)는 밝은 회색 또는 황갈색으로 부드럽고 매끄러우며, 광택이 뛰어나며, 무겁고 단단하여 고급 악기, 조각 예술품, 고급 가구, 장신구 등에 사용합니다.

이 흑단목의 균열은 **사진 1**과 같이 불규칙하게 갈라져 있지만, 반대편 면은 **사진 2**와같이 십자가 모양으로 갈라져 있습니다. 사람이

사진1

사진2

의도해서 만든 것이 아니라 나무의 자연스러운 균열 속에 십자가가 드러난 것입니다.

"한쪽 면만 보지 말고, 그 반대편도 주의 깊게 보세요! 그러면 십자가가 보입니다."

이는 갤러리를 방문한 이들에게 십자가를 소개하며 늘 하는 말입니다. 어쩌면 우리는 균열만 보며 안타까워하거나 실망할 수 있지만, 그 균열의 반대편에는 하나님께서 그 상처를 통해 십자가를 새기셨다는 것을 발견할 수 있습니다. 의미 없이 갈라져 나간 줄 알았는데 하나님께서 십자가로 완성해 주셨습니다.

버려진 조각에서 드러난 십자가의 흔적…. 한 면에서는 단순한 균열로 보이지만 다른 면에서는 십자가로 드러나는 것은 '관점의 전환'이 얼마나 중요한지를 보여줍니다. 우리 삶의 어려움과 시련도 다른 각도에서 바라보면 하나님의 은혜와 계획이 숨어있을 수 있음을 기억하시고 소망을 가지시기를 바랍니다.

이 십자가를 무척이나 좋아하는 친구 석초 김욱동 장로가 이를 보고 '감춰진 십자가'란 제목의 시를 써주었습니다.

깜깜한 하늘 가득 메운
붉고 흰 손짓들
그가 달림은 네 죄를 인함이란
목멘 울컥거림 먹먹한 골방

너무 먼 형상
무릎 꿇음조차 버겁도록
감춰진 심연(深淵)의 은밀한 두려움
속으로 속으로만 새겨진 흔적

어느 밤
가슴 열어 말리던 상체기
네 눈길이 닿는 순간
굳어 갈라진 흑단목(黑檀木) 틈새
숱한 세월이 마멸(磨滅)을 멈춘 상흔(傷痕)
너를 위해 감춰둔 골고다의 기도.

곽노훈(2011)
슬랩빌딩 테라코타
160×160×38mm

고난의 흔적 십자가

이 십자가는 안성에서 「예윤돌」 공방을 운영하시는 곽노훈 님의 2011년 작품으로, 작가는 1998년 대한민국 공예대전 대상을 수상하신 도예가입니다.

이 도자기 십자가는 점토 편을 겹겹이 쌓아 붙여가며 만든 작품으로, 이러한 제작 방법을 '슬랩 빌딩(slab building)'이라고 합니다. 판형으로 만들어진 점토를 사용해 여러 층을 쌓거나 판을 붙여가면서 형태를 만들어내는 방식입니다.

도자기 십자가는 점토가 마르는 동안의 기다림은 우리 신앙이 성숙해 가는 인내의 시간을 상징하며, 점토 편을 하나하나 세심하게 붙이는 과정은 하나님께서 우리 삶의 모든 순간을 섬세하게 돌보시는 사랑임을 보여준 것이며, 1,000도가 넘는 높은 온도에서 구워지는 과정은 시련과 고난을 통한 연단을 의미합니다.

점토 편을 겹겹이 붙여 십자가를 만들어갈 때, 점토 편이 일정한 두께와 습도를 유지하는 것이 매우 중요합니다. 너무 얇거나 두꺼우면 건조 과정에서 균열이 발생할 수 있고, 점토가 마르는 동안에 고르게 건조되지 않으면 변형이 생길 수도 있습니다. 우리의 신앙도 항상

진실하고 여일함으로 믿음생활을 지켜나아가야 할 것입니다.

이 십자가는 마치 나무의 나이테나 지층처럼 보이는 질감으로 오랜 시간의 흐름과 인내를 상징하며, 점토 편이 하나하나 쌓이고 붙여져 작품을 이루는 것처럼, 각 성도가 함께 모여 그리스도의 몸인 교회를 이루는 것을 생각하게 합니다.

이 십자가를 바라보며, 겹겹이 쌓인 은혜가 생각납니다. 우리의 삶에는 아픔과 죄, 그리고 연약함이 겹겹이 쌓여 있습니다. 기쁨도, 아픔도, 실망도, 희망도 모두가 내 안에 쌓여 있는 것들이지만, 하나님께서는 그 모든 것을 버리지 않으시고 아름다운 십자가로 변화시켜 주셨습니다.

이사야 64장 8절에 "여호와여, 이제 주는 우리 아버지시니이다 우리는 진흙이요 주는 토기장이시니 우리는 다 주의 손으로 지으신 것이니이다" 라고 말씀하고 있습니다. 도예가가 점토를 한층 한 층씩 쌓아가듯이, 하나님이 토기장이로 우리 인생을 차근차근 빚어가시는 과정을 통해 우리의 신앙도 성장하고 깊어지는 것을 상징적으로 표현한 것입니다.

십자가의 중앙 부분의 뚫어진 구멍은 사람의 내면을 되돌아보게 만드는 여백처럼 느껴지며, 가운데서 사방으로 뻗어나가는 흐름은 십자가의 사랑이 확산하는 의미를 담고 있습니다.

이 십자가를 바라보는 것만으로도 손끝에 전해져오는 거친 질감을 상상하게 됩니다. 조명에 따라 각 층의 깊이가 다르게 드러나며, 특히 측면에서 바라볼 때 층층이 쌓인 구조가 더욱 입체적으로 느껴집니다.

그 모든 거칢과 자연스러움이 모여 하나의 아름다운 이야기가 되는, 우리 삶의 여정을 닮은 작품입니다.

심자가를 품은 심자가 이야기

분도출판사에서 구입 (2010)
황동
125×125×25mm

그리스도의 심장 십자가

이 십자가는 2010년경 「분도출판사」에서 구입한 것으로, 황동으로 제작된 독일 전통 금속공예 십자가입니다. 「베네딕토 수도회(Benediktiner)」 계통의 공방에서 만들어진 전통 전례 용품일 가능성이 높습니다.

이 십자가는 사람의 형상을 매우 절제된 추상으로 표현하고 있습니다. 전체 형태가 옷을 펼쳐 놓은 모양으로, 마치 양팔을 벌리고 온 몸을 내어주신 주님의 모습을 연상하게 합니다.

십자가 몸체가 상하, 좌우로 찢어져 있어 마가복음 15장 38절 "이에 성소 휘장이 위로부터 아래까지 찢어져 둘이 되니라" 하신 말씀을 떠올리게 합니다. 이는, 예수님의 몸이 찢어짐으로 하나님과 인간 사이의 새로운 길을 여셨음을 표현한 것 입니다.

그 중심에 작은 둥근 구체(球體)가 있습니다. 이것을 『그리스도의 심장』으로 해석하는 것이 무리할지도 모르겠습니다만 생명의 중심으로 보아 묵상의 초점을 맞추면, 그리스도의 심장은 인류에 대한 무한한 사랑의 상징으로 모든 치유와 은혜의 출발지입니다. 거기서 사방으로 빛이 퍼져나갑니다. 사랑의 심장에서 터져 나온 빛이 사방으로 퍼져나가다 상처를 만나고, 그 상처를 통해 더욱 큰 빛이 됩니다.

십자가의 갈라진 부분들을 자세히 살펴보면, 깊게 패인 골들이 있습니다. 이것들은 분명히 상처, 찢어짐을 나타냅니다. 그런데 이 패인 골이 빛을 받으면 그림자와 반사가 교차하면서 오히려 더 강렬한 빛의 효과를 만들어냅니다. 상처 자체가 빛을 드러내는 도구가 되었습니다.

사방으로 퍼지는 상처들은 십자가에서 못 박히신 손과 발, 그리고 창에 찔린 옆구리(요 19:34)를 형상화한 것으로 볼 수 있습니다. 하지만 여기서는 상처가 단순한 고통이 아니라 빛과 은혜가 흘러나오는 통로로 표현되었습니다. 상처에서 치유가, 죽음에서 생명이 흘러나오는 역설을 이야기 합니다.

　하단의 3개 돌출부는 삼위일체를 상징할 수도 있으며, 골고다
언덕의 바위들을 표현한 것일 수도 있습니다. 또는 죽음의 자리에서
솟아오르는 새로운 생명력이라고 해석할 수 있습니다.

　사방으로 갈라진 당신의 상처 안에
　세상을 껴안은 팔이 있고,
　아래로 깊이 파인 골 안에
　우리의 죄를 품고 가신
　당신의 발걸음이 있습니다.

　당신은 몸을 찢어 세상을 여셨고
　당신의 피가 땅에 스며 생명이 되었고
　당신을 못 박은 십자가는
　하늘과 땅을 이은 사닥다리요,
　당신의 뛰는 심장은
　세상을 향해 열려 있는 은총의 길입니다.

방선옥 (방갤러리 2017)
황동판, 고재목
175×300×95mm

연단의 흔적 십자가

이 십자가는 인사동 쌈지길에서 「방갤러리」를 운영하시던 방선옥 님의 2017년도 작품으로, 황동 판과 고재목을 사용하여 제작되었습니다.

이 십자가의 구성과 디자인은 매우 단순하지만 강렬한 상징성과 깊은 감성적 표현을 담고 있습니다. 작가는 불필요한 요소를 모두 배제하고 십자가의 본질적 형태인 수직과 수평의 단순한 교차만으로, 깊은 기도나 명상의 상태를 형상화하였습니다.

이 십자가의 팔을 벌리고 있는 모습은 예수 그리스도가 십자가에 못 박힌 모습으로, 그리스도께서 온 인류를 품으시고 모든 고통을 짊어지신 모습을 단순하면서도 상징적으로 표현하였습니다.

이 십자가는 차가운 금속의 견고함과 시간의 흔적을 담은 질감과 따뜻한 생명력과 오랜 세월을 견뎌온 믿음의 토대를 상징하는 고재목 받침대가 절묘한 대비를 이루고 있습니다. 금속과 나무, 차가움과 따뜻함, 인공과 자연이 만나 어우러지는 느낌을 줍니다.

동판을 불에 가열하면, 금속 표면에서 산화 반응이 일어나 색상이 변하게 됩니다. 이때 열의 세기와 가열 시간에 따라 다양한 색상이 나타납니다. 가볍게 가열하면 청동색이나 파란색이, 강하게 가열하면 붉은색이나 검은색이 나타납니다. 열의 세기와 시간에 따른 예측할 수 없는 아름다운 패턴이 형성됩니다.

동판을 가열할 때 생긴 흔적들이 마치 그리스도가 겪은 고통의 흔적을 표현한 것처럼 보입니다. 검게 그을린 부분과 붉은 구리색이 드러난 부분들이 십자가의 고통을 상징하는 것 같습니다.

이사야 48장 10절에 "보라 내가 너를 연단하였으나 은처럼 하지 아니하고 너를 고난의 풀무 불에서 택하였노라"라고 하였습니다. 이 십자가의 검게 그을린 부분들과 불규칙한 패턴들은 바로 그『연단의 흔적』입니다. 아픔과 시련을 통과하지 않고서는 얻을 수 없는 깊이와 아름다움이며, 하나님의 선택하심과 연단하심이, 이 십자가에 그대로 나타나 표현되어 있습니다.

이 십자가의 동판이 불 속에서 예상치 못한 아름다움으로 변화된 모습처럼, 하나님께서 우리 삶에 허락하시는 시련들도 이와 같습니다. 우리는 그 과정에서 무엇이 나올지 알 수 없지만, 하나님은 그 모든 것을 아름다운 계획 안에서 사용하십니다. 이것이야말로 연단의 흔적입니다. 인간의 계획과 노력만으로는 만들어낼 수 없는, 마치 기도 중에 예상치 못한 깨달음을 얻는 경험과 같은 신비로운 아름다움입니다.

불이 지나간 자리에
생각지 못한 아름다움이 남았다.

검게 그을린 상처들 사이로
붉은 생명이 스며든다.
고통과 희망이 하나가 되어
말할 수 없는 이야기를 새긴다.

이 고요한 십자가 앞에서
내 삶의 그을린 자국들을 본다.
실패라고 여겼던 그 모든 것들이
어쩌면 가장 아름다운 것일는지도…

002 두번째 이야기

예수! 십자가에 꽃 피우다

꽃이 주제가 된 십자가 이야기

* 장미 7송이 십자가
* 꽃 십자가
* 꽃 피우다 십자가
* 볼레스와비에츠 도자기 십자가
* 33송이 장미꽃 십자가
* 저 장미꽃 위에 이슬 십자가
* 탈북 청년이 만든 십자가
* 타라베라(Talavera) 도자기 꽃 십자가

분로출판사(2010) 구입
합금철
82×122×15mm

장미 7송이 십자가

이 십자가는 2010년경 장충동 「분도출판사」에서 산 것으로, 독일에서 제작되어 수입된 것입니다.

이 십자가는 전통적인 라틴십자가(Latin Cross) 형태를 기본으로 합니다. 십자가에는 장미꽃 일곱 송이가 활짝 피어 상하에 두 송이, 좌우에 한 송이 그리고 중앙에 한 송이가 피어있으며, 소재는 합금철입니다.

중앙에 있는 한 송이는 예수 그리스도를 상징하며, 상하좌우의 네 송이는 네 방향(동서남북)의 상징으로 예수의 구속이 온 세상에 골고루 퍼진다는 것을 의미합니다. 또, 십자가의 사역이 상하로는 하나님과 인간, 좌우로는 인간과 인간 간의 관계를 회복시키는 구원의 도구임을 시각적으로 표현하고 있습니다.

중세 유럽에서는 장미를 가리켜 기독교를 상징하는 꽃이라 하였습니다. 원종(原種)인 들장미는 꽃잎이 5장인데 예수 그리스도가 십자가에 못 박혀 돌아가실 때 5곳의 상처에서 피가 났기에 이와 연관하여 장미를 사랑, 순교, 그리고 그리스도의 희생을 상징하는 꽃으로 생각했습니다.

장미는 사랑과 아름다움의 상징으로 기독교에서는 희생적 사랑을 상징하며, 흰 장미는 순결과 순수함을, 붉은 장미는 그리스도의 피와 순교자의 희생을, 보라색 장미는 신비로운 영적 경험을 연상시키며, 그 아름다움에도 불구하고 가시를 지니고 있어 고난과 영광을 상징합니다.

초대 교회에서는 장미를 성도의 영적 열매로 생각하고 장미가 십자가와 결합 될 때 신앙의 열매가 고난과 희생을 통해 아름답게 피어나는 것으로 표현하였습니다. 또, 가톨릭 전통에서 장미는 성모 마리아와 관련하여 '순결한 장미'로 불리며 헌신과 순결을 상징합니다.

이 십자가에는 장미꽃 7송이가 피어있습니다. 성경에서 '7'은 완전함과 충만함의 숫자로 일곱 송이 장미는 완전한 은혜와 신성한 질서를 상징할 수 있습니다. 창세기 1장에 하나님께서 세상을 6일 동안

창조하시고 7일째 안식하셨다는 이야기, 요한계시록 1장과 3장에 일곱 영과 일곱 촛대의 상징, 성령의 일곱 가지 은사(지혜, 깨달음, 의견, 지식, 용기, 효경, 경외심)와 예수께서 십자가에서 하신 가상칠언(架上七言), 일곱 교회… 등을 상징합니다.

장미의 붉은 빛은 십자가에서 흘린 예수의 피를 떠올리게 하고, 가시는 그분이 감당하신 고통과 희생을 보여줍니다. 십자가의 가시를 생각할 때, 우리는 고난 속에서도 사랑을 선택하신 예수를 떠올립니다. 때때로 우리 삶에도 고난의 순간이 찾아올 때가 있습니다. 그러나 십자가는 우리에게 고난은 끝이 아니라고 그 고난을 통해 사랑과 구원의 꽃이 피어날 것이라고 말합니다.

가시와 장미가 하나가 되어 완전한 십자가의 이야기를 전하듯, 우리의 삶도 고난 속에서 하나님의 사랑을 완성해 나가는 여정이 될 것입니다.

김영득(기쁨나눔공방)
나무
160×180×35mm

꽃 십자가

이 십자가는 김포 「기쁨 나눔 공방」의 김영득 권사님이 나무를 다듬어 만든 작품으로, 십자가와 꽃이 하나의 유기체처럼 자연스럽게 연결된 곡선의 형태와 부드럽게 흐르는 선들이 십자가의 전통적인 직선 이미지에서 벗어나 따뜻하고 생명력 있는 느낌을 줍니다.

송병구 목사님은 그의 저서 '십자가 – 168개의 상징 찾아가기'에서 "꽃 십자가는 독일 개신교회 병원 원목실의 심벌로 사용되는데, 독일의 병실은 예외 없이 십자가로 흰 벽을 장식하고 꽃으로 환자의 침상 머리맡을 꾸미며, 이는 병원에서 기도와 예배, 상담과 봉사를 통해 치유 사역을 펼치는 의미를 담고 있습니다."라며 - "꽃은 다양한 형태로 사람을 위해 봉사한다. 특히 질경이, 작약, 민들레처럼 약품으로 환자들을 돕는 것은 물론 카밀레, 야스민, 구기자처럼 차로, 또한 박하, 국화, 백합은 향기를 통해 일상의 평온이 깨진 사람들의 건강한 삶을 돕는다. 꽃은 우리에게 '솔로몬의 모든 영광'처럼 아름다울 뿐 아니라 조화롭고 균형 있는 생활 질서를 가르친다. 들꽃처럼 아름다운 삶을 가르치신 예수의 교훈에 귀 기울이는 사람 그는 참 강건함을 얻을 것이다."라고 말씀하셨습니다.

독일 병원에서 이 십자가 디자인이 사용된다는 사실이 의미 있게 다가옵니다. 질병으로 고통받는 이들에게 꽃은 단순한 장식이 아니라 생명의 희망이고, 치유의 약속입니다. 십자가와 꽃이 만날 때 그것은 "고통 속에서도 아름다움이 피어날 수 있다"라는 복음의 메시지가 됩니다.

이 십자가는 십자가 안에 꽃이 피어있는 형태로 디자인되어 있습니다. 이는 십자가를 단순한 고통의 상징이 아닌 희망과 치유의 상징으로 재해석하였으며, 나무의 자연스러운 결과 정교한 조각을 통해 십자가에서 꽃이 자연스럽게 자라난 듯한 느낌을 줍니다. 특히, 입체적인 조각을 통해 만들어진 깊이와 그림자의 효과는 빛의 각도에 따라 다양한 표정을 보여주며, 이는 고통과 희망, 죽음과 부활이라는 십자가의 이중적 의미를 시각적으로 표현한 것입니다.

우리는 고난 속에서 지치고 희망을 잃어버릴 때도 있지만, 이 십자가를 보며 고난의 자리에서도 꽃을 피워내시는 하나님의 역사를 묵상하며 우리가 십자가를 붙들고 주님의 사랑 안에 거할 때 우리의 삶도 꽃처럼 피어날 것임을 믿으며, 우리가 모두 이 꽃 십자가처럼 아름답고 소중한 존재임을 그리고 우리의 고통도 언젠가는 다른 이들을 위로하는 꽃이 될 수 있음을 소망합니다.

이 십자가를 보며 어느 무명 시인의 신앙 시 "꽃이 된 십자가"가 떠오릅니다.

"십자가 위에 꽃이 피었다.
고통과 아픔이 가득했던 그 자리에서
생명이 피어나고, 사랑이 자란다.

그 꽃은 희생의 열매, 그 꽃은 부활의 증거.
십자가를 바라보며 다시 소망을 품는다.

아픔 속에서도 피어나는 꽃처럼
나도 사랑의 꽃이 되고 싶다."

변경수
나뭇가지, 조약돌
245×305×20mm

꽃 피우다 십자가

이 십자가는 주변에서 쉽게 구할 수 있는 나뭇가지와 조약돌로 만든 것으로 변경수 목사님의 작품입니다. 십자가의 구성은 예술적 기교보다는 신앙의 본질과 묵상에 더 집중하신 것으로 보이며, 신앙의 본질을 자연 속에서 찾고 그 속에서 희망과 구원을 찾아가는 것으로 해석할 수 있습니다.

꽃은 부활과 새 생명을 상징합니다. 이사야 35장 1절은 "광야와 메마른 땅이 기뻐하며 사막이 백합화같이 피어 즐거워하며"라고 하였습니다. 이는 메마른 땅에 꽃이 피어나듯이 하나님께서 새로운 생명과 회복을 주실 것을 이야기합니다. 작품 속 꽃들은 예수의 부활을 통한 구원의 기쁨과 생명력이 온 땅에 퍼져 나가는 것을 시각적으로 나타낸 것입니다.

십자가 상단의 원형 나무꽃은 샤론의 꽃으로 예수를 상징하며, 꽃받침으로 사용된 대리석은 반석을 의미합니다. 상단의 원형 꽃장식을 보며 하나님의 완전하심을 묵상합니다. 그 원 안에 섬세하게 새겨진 꽃잎들은 마치 하나님의 세밀한 사랑을 보는 듯합니다.

하단의 조약돌들을 보며 안정감을 느낍니다. 세상의 모든 것이 흔들리고 변해도, 우리의 믿음은 반석 위에 세워져 있음을 확신하게 됩니다. 그 단단한 기초 위에서 생명의 가지들이 힘차게 뻗어나갈 수 있는 것처럼 우리도 하나님의 사랑이라는 견고한 기초 위에서 담대히 나아갈 수 있습니다.

나뭇가지가 십자가를 따라 위로 뻗어 있는 모습은 생명이 자라고 번성하는 희망찬 모습으로 성장을 담은 하나님의 이야기입니다. 예레미야 17장 8절에 "그는 물가에 심어진 나무가 그 뿌리를 강변에 뻗치고 더위가 올지라도 두려워하지 아니하며 그 잎이 청청하며 가무는 해에도 걱정이 없고 결실이 그치지 아니함 같으리라"라고 했듯이 나뭇가지가 뻗어나가는 모습은 예수를 통해 새로운 생명이 자라나는 것으로 해석할 수 있습니다.

가지들이 서로 다른 방향으로 뻗어나가면서도 하나의 십자가를
이루고 있는 모습에서 교회 공동체의 아름다움을 봅니다. 우리 각자는
서로 다른 성격과 은사를 가지고 있지만, 그리스도 안에서 하나가
되어 더 큰 아름다움을 만들어갑니다. 가지마다 피어난 꽃들은 우리가
하나님과 함께 걸어갈 때 맺게 되는 열매와도 같습니다. 우리의 믿음이
깊어질수록 그리고 십자가의 의미를 묵상할수록 우리의 삶은 풍성한
열매로 채워질 것입니다.

이 십자가 앞에서 기도하며 다짐합니다. 내 삶도 이 꽃들처럼 아름
다운 향기를 발할 수 있기를 십자가의 사랑이 우리 각자의 삶에서
이처럼 아름다운 꽃으로 피어나기를….

‘Ceramika Artystyczna’
도자기
100×100×220mm(스탠드형)

볼레스와비에츠 도자기 십자가

이 십자가는 폴란드 볼레스와비에츠(Bolesławiec) 지역의 「Ceramika Artystyczna」라는 회사에서 만든 도자기 십자가입니다.

볼레스와비에츠는 폴란드 남서부 실레지아 지방에 있는 도시로, 폴란드 도자기 산업의 중심지입니다. 이 지역은 도자기 제작에 적합한 고품질 점토가 풍부하게 매장되어 있어, 수 세기 동안 도자기 생산의 중심지 역할을 해왔으며, 「Ceramika Artystyczna」와 같은 공방은 수백 년 된 도자기 전통을 현대적으로 재해석한 작품들을 만들어내고 있습니다. 이 지역에는 소규모 가족 기업부터 대규모 제조업체까지 다양한 생산자들이 존재하며, 이들은 전통의 본질을 유지하면서도 새로운 디자인을 도입하여 가치 있는 예술품으로 승화시켰습니다.

왼쪽 스탠드형 십자가는 전통적인 기독교 십자가 중에도 오랜 역사가 있는 형태로 제단 십자가(Altar Cross). 행렬용 십자가(Processional Cross), 켈틱 스탠딩 십자가(Celtic Standing Cross)를 탁상용(Table Cross)으로 작게 재현하여 만든 것으로 동유럽과 슬라브 문화권에서는 이러한 장식적인 십자가 형태가 발달하였습니다.

볼레스와비에츠 도자기의 특징은 청백색, 초록색, 갈색, 붉은색과 같은 자연에서 영감을 받은 색상으로 장식된 정교한 패턴입니다. 패턴은 스펀지 스탬프와 손으로 직접 그리기도 하는데, 가장 유명한 패턴은 파란색 도트(점)와 꽃무늬입니다.

스펀지 스탬프는 도자기 장식에 중요한 도구로 반복적이고 정밀한 패턴을 빠르고 효율적으로 찍어낼 수 있게 하며, 스펀지 스탬프를 사용해 안료나 유약을 도자기 표면에 찍어낸 뒤 고온에서 구울 때 안료는 도자기와 결합하여 휘발(揮發) 되지 않고 도자기 표면에 고착되며 유약을 통해 더욱 강하게 고정되기 때문에 패턴과 색상이 유지됩니다.

볼레스와비에츠 도자기의 꽃과 식물 문양은 지역의 역사, 문화적 정체성과 종교적 상징이 어우러진 결과로 자연 요소, 특히 꽃과 식물 모티브를 도자기에 표현하였습니다. 꽃은 삶의 희로애락 속에서 피고 진 이들의 흔적이고, 그들의 기도와 믿음이 예술로 표현된 것입니다.

이 십자가의 꽃 패턴은 서로 연결되어 조화를 이루고 있습니다. 이는 마치 인간 사이의 연대와 화합, 그리고 하나님의 사랑이 우리 모두를 하나로 엮어주고 있음을 말해주듯이 예수께서 십자가 위에서 흘리신 피는 모든 이에게 새로운 생명을 약속하셨습니다. 그 약속은 이 문양의 꽃처럼 우리 각자의 삶 속에서 피어나기를 기다리고 있습니다.

2010년 어느 날, 한 친구가 찾아와 강남 어느 백화점 도자기 판매대에서 십자가를 파는 깃을 보았다고 전해주었습니다. 그 친구는 제가 늘 십자가를 찾아다니는 것을 알고 있었죠. 저는 한걸음에 달려갔고 생활용품 판매장 도자기 판매대에서 생활 자기 속에 묻혀 있는 이 십자가를 만날 수 있었습니다. 복잡한 백화점 안에서 나를 향해 환히 웃어주고 있는 스탠드형 십자가가 얼마나 사랑스러운지….

그 일이 있고 난 이후 나는 발 길이 닿는 곳 어디에서든지 십자가를 만날 수 있다는 확신을 갖고 찾아다닙니다. 가끔은 시장통에서도, 고물상에서도, 지하상가 먼지 쌓인 선반 위에서도 환히 웃어주는 십자가를 만날 수 있었습니다.

최영민(땀공방)
도자기
205×285×50mm

33송이 장미꽃 십자가

이 십자가는 대구에서 「땅공방」을 운영하는 최영민 님이 도자기로 만든 십자가로 크고 작은 장미꽃 33송이가 아름답게 피어 있습니다.

이 십자가에는 장미꽃이 가득 채워져 있어 마치 꽃밭과도 같아 이를 바라보면 우리 신앙의 모습이 날마다 꽃밭같이 아름답기를 꿈꾸게 됩니다. 십자가를 통해 우리 삶에 매일 새로운 꽃이 피어나고, 그 꽃들이 세상에 향기를 전하는 삶이 되었으면 좋겠습니다.

십자가에 핀 장미 33송이 숫자는 예수께서 이 땅에서 활동하시며 사셨던 햇수로 그 모든 시간이 우리를 위한 사랑과 희생이었으며, 한 송이 한 송이 피어난 크고 작은 꽃송이들은 우리를 사랑하시는 예수의 마음입니다.

장미꽃은 기독교에서 종종 순결, 사랑, 희생을 상징하며, 십자가와 결합하였을 때 예수의 희생과 사랑의 의미를 꽃으로 전달하고 있습니다. 십자가가 원래 고난과 아픔의 상징이라면, 이 십자가는 사랑의 꽃만으로 장식되어 있어서 고통의 흔적이라고는 찾아볼 수 없어, 우리가 예수와 함께할 때 어떤 어려움도 이렇게 아름다운 꽃으로 바뀔 수 있다는 메시지를 전하고 있습니다.

이 십자가에 장미꽃은 작가의 아내가 점토 조각을 일일이 손으로 말아 만든 것으로, 하나하나 정성스럽게 십자가에 붙였다고 합니다. 그 과정에서 흘린 땀과 정성, 그리고 기도가 모두 이 작품 속에 스며들어 있어, 단순한 예술품을 넘어 신앙의 고백이 되었습니다. 아마도 이런 마음이 아니었을까요? "고통의 십자가 위에 장미꽃을 피워낸다. 한 송이, 또 한 송이… 그리스도의 사랑이 우리의 상처 위에 꽃으로 피어나듯 나는 내 십자가를 지고 희망의 꽃을 심는다."

십자가는 상처와 고난으로 가득했지만, 그 위에 사랑의 꽃으로 피어났습니다. 이 꽃들은 우리 신앙의 여정에서 우리가 흘린 눈물과 올려드린 기도, 그리고 삶 속에서 맺은 작은 사랑의 결실들이며, 고통의 자리마저도 사랑으로 물들이시는 하나님의 손길입니다.

장미의 가시는 고난을, 꽃잎은 사랑을 상징한다고 할 때, 이 십자가에는 오직 꽃만이 있어 완전한 사랑의 승리를 선언하고 있습니다. 죽음을 이기고 부활하신 예수님의 승리가 바로 이런 모습이 아닐까요?

또한, 이 십자가는 교회 공동체의 모습을 보여주기도 합니다. 33송이의 장미가 하나의 십자가를 이루듯, 우리 각자가 서로 다른 모양과 크기의 꽃이지만 함께 모여 하나의 아름다운 신앙 공동체를 만들어가는 것입니다. 어떤 꽃은 크고 어떤 꽃은 작지만, 모두가 소중하고 필요한 존재임을 이 십자가가 말해주고 있습니다.

마치 예수께서 우리에게 속삭이는 듯합니다. "너희의 삶도 십자가 위에 꽃 피워라. 너희의 고난도, 너희의 눈물도 나의 사랑으로 꽃밭이 되어라." 우리의 신앙이 날마다 십자가에서 피어난 꽃처럼 아름답기를, 우리의 삶이 세상 속에서 이 꽃들이 전하는 사랑의 향기로 가득하기를, 그리하여 우리를 만나는 모든 이들이 이 아름다움을 통해 하나님의 사랑을 경험하기를 소망합니다.

저 장미꽃 위에 이슬 십자가

이 십자가는 목포에서 목회하시는 승향아 목사님이 2020년 도자기로 만든 십자가입니다.

분홍빛 장미꽃을 중심으로 연한 초록빛 잎사귀들이 십자가 형태를 이루며, 잎에 맺혀 있는 이슬방울처럼 반짝이는 큐빅들과 꽃향기를 찾아든 12마리의 나비를 도자기로 표현하였습니다.

이 십자가는 색감이 주는 부드러움과 따뜻함. 그리고 잎사귀와 나비의 조화로운 十노가 펀안함을 느끼게 힙니다. 장미꽃을 중심으로 위에서 아래로 내려갈수록 점점 풍성해지는 잎사귀의 배열은 하늘에서 땅으로 임하는 은혜의 흐름을 연상시킵니다.

십자가 중앙의 분홍빛 장미꽃은 고난 속에서 피어난 은혜의 결실을 상징합니다. 가시관을 쓰신 주님의 상처에서 피어난 사랑의 꽃 같습니다. 잎사귀 위에 맺힌 작은 이슬방울들은 하나님의 축복과 위로, 은혜가 얼마나 섬세한지를 보여줍니다. 신명기 32장 2절에 "나의 교훈은 비처럼 내리고 나의 말은 이슬처럼 맺히며"라는 말씀처럼, 하나님의 말씀이나 축복이 이슬처럼 부드럽고 은혜롭게 내려온다는 의미를 담고 있습니다.

그리고 자유롭게 날아다니는 12마리의 나비들은 예수의 12 제자를 의미하여 땅끝까지 복음을 전파하는 사역을, 그리고 제자 양성을 이야기하고 있습니다. 애벌레가 고치가 되고, 나비가 되듯 우리도 십자가를 통과하여 새로운 피조물로 거듭나 제자가 되는 것입니다. 이는 예수의 부활과 생명, 신앙을 통해 경험하는 영적인 재탄생으로, 고린도후서 5장 17절에 "누구든지 그리스도 안에 있으면 새로운 피조물이라"라는 말씀을 생각하게 합니다.

이 십자가의 제목인 『저 장미꽃 위에 이슬』은 찬송가 442장의 곡명으로 위안과 잔잔한 기쁨을 주는 노래로, 작사자 찰스 오스틴 마일즈(Charles Austin Miles, 1868~ 1946)는 1892년 약사의 길을 버리고 복음 찬송가 작사자로 헌신하였습니다. 이 곡은 그의 음악 동료이자 출판업자인 아담 가이벨(Adam Geibel 1885~1933)이 만들었습니다.

마일즈는 친구 가이벨이 사랑하는 사위를 폭발 사고로 잃고 깊은 슬픔에 빠져 있을 때 친구를 위로하고자 이 찬송시를 썼습니다. 그는 요한복음 20장 11~18절의 막달라 마리아가 부활하신 예수님을 만나는 장면을 묵상하며, 마리아가 그 순간을 회상하는 형식으로 가사를 썼습니다.

가이벨은 "저 장미꽃 위에 이슬이 아직 맺혀 있는 새벽, 마리아는 십자가에 달려 돌아가신 주님에 대한 슬픔을 안고 동산으로 올라갔지만, 바로 그때 들리는 주님의 청아한 음성으로 모든 슬픔이 사라지고 마음은 기쁨으로 가득했을 것"이라는 그의 묵상으로 이 아름다운 찬송가를 탄생시켰습니다.

작곡가 가이벨은 어릴 적 열병으로 실명하였으나 타고난 음악적 재능과 신앙으로 많은 성가곡을 작곡하였고 가이벨음악출판사를 운영하며 종교음악 발전에 크게 이바지하였습니다.

이 십자가는 바라보며, 나의 삶에도 하나님의 사랑의 이슬이 맺히길 기도하게 됩니다. 그리고 그 이슬이 주변의 사람들에게 흘러가 사랑과 생명의 기쁨을 전하는 도구가 되기를 소망합니다.

탈북 청년이 만든 십자가

이 십자가는 탈북하여 중국 변방을 떠돌던 한 청년이 조각하여 만든 것입니다. 이 십자가의 기본 틀은 매우 간결하며, 조각은 정교함보다 진정성이 담긴 소박함으로 희망과 생명 그리고 새출발을 의미합니다. 그 탈북 청년이 겪었을 고통에도 불구하고 피어난 믿음이 바로 이 십자가가 전해주는 메시지라고 하겠습니다.

백두산 아래 압록강 변에서 조선족 목사님이 탈북한 이들에게 성경을 가르치고 신앙을 북돋우어 주는 사역을 하였습니다. 그때 이곳에서 교육받던 이들 중에 평양에서 공부했다는 어느 청년이 성경을 통독하며 필사하던 중에 조각도를 구할 수 있느냐고 물어왔습니다. 수소문하여 구한 것은 초등학생이 사용하는 문방구에서 사들인 허름한 조각도였는데, 그는 성경을 필사하며 틈틈이 나무를 다듬고 33송이의 꽃을 조각하여 이 십자가를 만들었습니다.

탈북한 지 1개월 남짓한 시간 동안 복음을 접하고 그 첫 결실로 이렇게 섬세하고 깊이 있는 십자가를 만들었다는 사실은 그가 믿음 안에서 얼마나 강렬한 체험을 했는지 그리고 그 체험이 그의 삶에 얼마나 큰 영향을 미쳤는지를 잘 보여줍니다.

중국 변방의 열악한 상황 속에서 처음 접한 신앙과 그로 인해 변화된 삶이 이 십자가에 고스란히 새겨진 것입니다. 따라서 이 십자가는 단순한 예술 작품이 아니라 탈북 청년의 고난과 새로운 믿음을 향한 여정입니다.

 (고전 1:18)

이 십자가에 핀 꽃송이 33송이는 예수 그리스도의 생애를 상징합니다. 예수의 죽음과 부활이 구원의 길을 열었듯이 이 꽃들은 탈북 청년에게 피어난 믿음의 표현인 동시에 새로운 생명의 상징으로 그 청년이 처음으로 성경을 읽으며 발견한 33가지의 은혜와 희망의 순간들을 담았을지도 모릅니다. 복음서를 통해 만난 예수의 모습, 그분의 사랑과 용서, 치유와 회복의 이야기들이 그의 마음에 꽃으로 피어나 결국 나무 위에 새겨졌을 것입니다.

이 청년의 손길이 나무에 닿을 때마다 그것은 조각이 아닌 기도였을 것입니다. 북한에서의 탈출과 이국땅에서의 불안한 삶 속에서 그가 발견한 것은 예수 그리스도였습니다. 이 십자가는 완벽한 기술이나 예술성보다 더 깊은 의미를 담고 있습니다. 그것은 마치 사막에서 피어난 꽃과같이 가장 척박한 환경에서도 피어날 수 있는 신앙의 아름다움을 보여줍니다. "보라 내가 새 일을 행하리니 이제 나타낼 것이라 너희가 그것을 알지 못하겠느냐 반드시 내가 광야에 길을 사막에 강을 내리니"(사 43:19)라는 말씀처럼 이 청년의 삶에도 하나님은 불가능한 곳에 길과 강을 내셨습니다.

이 십자가를 바라보며 우리의 신앙을 돌아보게 합니다. 자유롭게 신앙을 고백할 수 있는 환경에서 우리의 신앙은 때로 형식적으로 되기 쉽습니다. 그러나 이 작가는 꽃송이 하나하나가 새겨질 때마다 무거움은 가벼움이 되고, 죽음에서 생명이, 고통에서 희망이, 슬픔에서 기쁨이 되어 그의 가슴에 자리했을 것입니다. 이 청년이 꽃송이를 새기며 흘린 땀과 눈물은 주님의 사랑에 대한 응답이자 감사의 고백입니다.

중남미문화원 구입 (2022)
알루미늄, 도자기
205×285×50mm

사진1

타라베라(Talavera) 도자기 꽃 십자가

사진 1과 **사진 2**에 소개하는 십자가는 「중남미문화원」에서 구입한 것으로 멕시코에서 제작한 전통 『타라베라 도자기 십자가』입니다.

타라베라는 고대 이집트와 메소포타미아에서 시작된 마욜리카(Majolica) 도자기 기법이 중국을 거쳐 무어인들에 의해 스페인으로 전해진 후, 다시 멕시코로 건너와 토착 문화와 융합된 독특한 예술 형태입니다. 타라베라 도자기는 타라베라 초기(16~17세기)와 후기(18세기 이후) 두 가지 스타일로 구분할 수도 있습니다.

사진 1의 십자가는 타라베라 초기 스타일을 따르고 있습니다. 중국 명나라 청화백자의 영향을 받은 것으로 알려진 코발트 블루과 흰색만을 사용한 전통적인 클래식한 형태입니다.

이 작품에 사용된 깊고 진한 코발트 블루는 당시 금보다 비싼 최고급 안료였으며, 고온에서도 안정적인 색상 발현이 유일한 것으로 오직 중요한 종교적 작품에만 사용되었다고 합니다. 이 색상은 하늘의 무한함을, 바다의 신비로움을 그리고 하나님의 절대적 신성함을 표현합니다.

바탕을 이루는 크림빛 화이트는 순수함과 거룩함을, 새로운 시작과 희망을 의미합니다. 이는 틴 글레이즈(주석 기반 유약)를 사용한 타라베라 특유의 색상으로, 일반적인 흰색보다 따뜻하고 부드러운 느낌을 주며 전체적으로 친근하면서도 경건한 분위기를 연출합니다.

이 십자가는 라틴십자가 형태로, 세로가 긴 형태는 땅에서 하늘로 향하는 영적 상승을, 인간과 하나님을 연결하는 다리 역할을 상징적으로 표현한 것입니다.

이 십자가는 은색 알미늄 테두리에 도자기로 제작된 십자가에, 흰색 바탕에 짙은 코발트 블루 색조로 그려진 꽃이 조화를 이루는 작품입니다. 꽃은 평화, 위로, 생명, 희망의 이미지로 십자가에 새겨졌을 때, 예수의 희생 속에서 피어난 구원의 은총을 상징합니다.

전통 도자기는 각 나라의 역사, 문화, 철학이 녹아 있는 살아있는 예술 유산입니다. 기원전 수천 년 전부터 발전해 온 도자기 기술은 인류 문명의 발전과 더불어 지속적으로 발전해 왔습니다. 토양, 기후, 재료, 그리고 사회·문화적 요소가 맞물려 나라마다 독특한 양식과 기법을 만들어냈으며, 오늘날에 이르러서는 다양한 방식으로 재해석하여 과거의 유산을 보존하는 동시에, 새로운 재료와 기법으로 전통과 현대의 조화를 이루고 있습니다.

멕시코는 스페인의 식민지 시대가 얽힌 복잡한 역사적 배경을 가지고 있습니다. 16세기 초, 스페인 정복자들은 아즈텍 제국을 침략하였고, 300여 년 가까운 식민지 시대는 멕시코의 문화와 예술에 깊은 영향을 미쳤습니다.

타라베라는 8~9세기경 무어인들을 통해 전해진 아시아 도자기 기법이 스페인 타라베라(Talavera) 지방에서 발전된 도자기 문화로, 오늘날 멕시코 푸에블라(Puebla) 주에서 계속 생산하고 있습니다.

타라베라 도자기는 16세기에 스페인의 타라베라 데 라 레이나(Talavera de la Reina) 지역의 도공들을 멕시코 푸에블라(Puebla) 지역으로 이주시켜 도자기 기법을 전수하였는데, 이는 푸에블라 주의 산토 도밍고 수도원 수사들이 새로 건설되는 교회와 수도원을 장식할 타일을 만들기 위해 스페인에서 도공들을 이주시켰다고 합니다.

스페인의 도자기 기법과 멕시코 원주민들의 예술적 감각이 결합되어 탄생한 초기 타라베라(16~17세기)는 그릇, 화분, 종교적 상징물, 장식 조각상 등 다양한 용도로 제작되었으며, 십자가는 종교적 상징물의 대표적인 것으로 수도원에서 사용되는 여러 디자인과 종교 교단의 문장 등이 있었습니다.

후기 타라베라(18세기 이후) 도자기는, 유럽의 기독교 전통과 이슬람 예술의 기하학적 아름다움, 아시아 도자기의 섬세함, 그리고 멕시코 원주민의 자연친화적 미학이 하나로 어우러져 독특한 정체성을 형성하여 코발트 블루, 노란색, 녹색, 주황색, 검은색의 색상으로 흰색

주석 유약 바탕 위에 정교한 패턴을 장식하였습니다.

시간이 지나면서 타라베라는 점진적으로 발전하여 스페인 모방에서 벗어나 독자적 스타일을 추구하였고, 원주민 문화와의 융합이 적극적으로 이루어져 더 화려하고 독특한 모티프를 개발하였으며, 교회와 수도원뿐만 아니라 일반 가정에서도 선호하게 되었습니다.

타라베라의 아름다움은 멕시코 동식물에서 영감을 받은 모티프뿐만 아니라 기하학적이고 추상적인 디자인을 특징으로 하는 정교한 패턴과 생생한 색상에 있습니다. 과일, 채소, 해바라기가 타라베라 제품의 인기 테마이며, 꽃 모티프는 생명력, 성장, 풍요의 상징으로 멕시코 민속 예술의 핵심 주제입니다.

1998년 멕시코 정부는 공식 표준 인증이 제정되어 타라베라에 대한 규격을 지정하였으며, 인증을 받은 공방만이 타라베라라는 명칭을 사용할 수 있습니다.

유네스코(UNESCO)는 2019년, 탈라베라 도자기를 세계무형문화유산으로 지정하였습니다. 멕시코 푸에블라와 스페인 타라베라 데 라 레이나가 공동으로 등재되었습니다.

지난날 식민지 문화의 유산이었던 멕시코의 타라베라 도자기는 오늘날 신앙, 전통, 지역 문화, 미적 감성이 융합된 대표적 민속 예술로 평가받고 있으며, 초기 타라베라 스타일과 후기 테라베라 스타일 모두를 지속적으로 제작하고 있습니다.

중남미문화원 구입 (2022)
나무, 도자기
120×150×20mm

33송이 장미꽃 십자가

사진 2의 십자가는 타라베라 후기 스타일을 따르고 있습니다. 이 십자가는 16세기 스페인 식민지 시대부터 이어져 온 깊은 역사와 문화적 의미를 담고 있으며, 기독교의 신성함과 멕시코 고유의 생명력 넘치는 예술적 감성이 조화롭게 어우러진 작품입니다.

십자가는 기독교의 가장 근본적인 상징으로, 그리스도의 희생과 구원, 부활의 약속을 나타냅니다. 특히 이 십자가의 쿼트레포일(quatrefoil) 형태는 전통적인 4잎 클로버 모양으로, 네 복음서(마태, 마가, 누가, 요한)를 상징하거나 하나님의 창조 질서인 4방향을 나타내며 이는 복음이 모든 민족에게, 모든 방향으로 전해져야 한다는 의미를 담고 있습니다. 십자가의 형태는 날카로운 모서리가 없는 부드러운 곡선으로 이루어져 있어 조화와 균형, 완전성을 표현합니다.

이 십자가는 전형적인 타라베라 후기 색상으로, 주조색으로 사용된 코발트 블루는 하늘의 무한함과 바다의 깊이를 떠올리게 하며, 신성함과 영원성을 상징합니다. 파란색 사이로 피어나는 오렌지빛은 생명의 따뜻함을, 부활의 기쁨을 노래합니다. 이는 멕시코 땅의 뜨거운 태양으로 원주민들이 소중히 여기던 생명의 에너지를 담고 있습니다. 잎사귀를 연상시키는 녹색은 성장과 치유를, 평화와 안식을 의미하며, 상처받은 마음이 치유되고 메마른 영혼이 다시 생기를 얻는 은혜의 역사를 증언합니다. 중앙 하단부의 밝은 노란색은 태양의 빛, 희망의 빛으로 부활의 영광을 상징하며, 어둠을 물리치는 신의 광명함을 표현합니다.

상단과 하단의 부채꼴 모양 꽃잎은 생명력을 표현하고 있습니다. 크고 작은 원들이 전체적으로 배치되어 부드러운 곡선미를 더하고, 기하학적 직선과 대비를 이룹니다.

멕시코에서는 이러한 십자가를 가정의 평안을 위한 기도 상징으로 벽에 걸어두는 전통이 있습니다.

이 작은 십자가 앞에서 우리는 다시 한번 기도합니다. 우리의 삶도 이 작품처럼 하나님의 사랑을 담는 아름다운 예술품이 되게 해달라고. 서로 다른 이들과 만나 더 큰 아름다움을 만들어가는 삶이 되게 해달라고….

한국적 십자가

우리의 혼과 얼을 담은 십자가를 찾아서

- * The Cross 십자가
- * 가시나무 십자가
- * 기와 십자가
- * 다 이루었다 십자가
- * 두루마기 십자가
- * 박 바가지와 사다리 십자가
- * 워낭 십자가
- * 지게를 지신 왕 십자가
- * 창(窓)살 문양 십자가
- * 한지로 만든 십자가

The Cross 십자가

이 십자가는 양모펠트 작가 민경숙 님이 2015년에 제작한 것으로 『The Cross』라는 제목의 퀼트(Quilt) 작품의 십자가입니다. 이 작품은 종교적 상징물을 넘어 한국의 전통 수공예 문화와 기독교 신앙이 만나는 지점에서 탄생한 독특한 작품이라 할 수 있습니다.

퀼트(Quilt)는 전통적으로 천 조각들을 겹쳐서 꿰매거나 바느질하여 만든 직물 예술로 그 기원은 고대 이집트와 중세 유럽으로 거슬러 올라갑니다. 초기에는 실용적인 용도로 시작되었으나 시간이 지나면서 예술적 표현 수단으로 발전하였습니다.

기독교 공동체에서 퀼트는 특별한 의미를 갖습니다. 중세 시대부터 교회에서는 제단보나 벽걸이용 퀼트를 통해 성경 이야기를 시각적으로 전달했으며, 미국의 개척 시대에는 여성들이 모여 퀼트를 만들며 신앙을 나누는 공동체 활동의 중심이 되었습니다. 20세기 이후에는 다양한 색상과 직물, 패턴을 통해 종교적 메시지를 전달하는 신앙 생활의 중요한 표현 수단으로 자리 잡았습니다.

조선시대 규방 문화에서 여성들은 자수와 바느질을 통해 자신들의 내면세계를 표현하였고, 이는 단순한 취미가 아닌 예술적 행위로 승화하였습니다. 전통 바느질 작업은 단순한 생활 기술을 넘어 여성들의 정서와 미의식, 그리고 삶의 철학이 담긴 문화로 기독교 신앙과 만나 새로운 형태의 영성 표현으로 재탄생한 것이 이 작품의 의미라 할 수 있습니다.

이 십자가 중앙의 붉은 입체 꽃은 예수 그리스도의 보혈을 상징합니다. 붉은색은 단순히 피의 색이 아닌 하나님의 사랑의 극치를 나타냅니다. "하나님이 이처럼 세상을 사랑하사 독생자를 주셨으니"(요 3:16)라는 말씀처럼, 이 붉은 꽃은 십자가 위에서 완성된 구속의 사랑을 시각적으로 형상화한 것입니다.

십자가 주변에 떨어지는 크리스털 조각들은 마치 하나님의 은혜가 비처럼 쏟아져 내리는 모습을 형상화한 것이며, 좌측에 배치된 씨앗 모양은 하나님의 말씀을 상징합니다. 작은 씨앗 하나하나가 하나님 께서 우리에게 주신 약속의 말씀들을 의미하며, 우측의 자연적 요소들은 신앙 안에서 이루어지는 성장과 변화를 형상화한 것으로 그리스도 안에서 맺게 되는 영적 열매를 상징합니다.

이 퀼트 십자가에 사용된 다채로운 색상은 신앙이 일상의 기쁨, 조화로운 관계, 생명의 풍요로움을 담고 있습니다. 파란색은 하늘과 평화를 상징하며, 붉은 자수와 장식들은 예수의 희생적 사랑뿐만 아니라 신앙인의 열정과 헌신을 나타냅니다.

이 퀼트 십자가는 여성 특유의 섬세함과 정서가 깊이 배어있습니다. 기다림, 소망, 사랑, 기원 등의 정서를 담은 부드러운 색감, 자연적인 모티프, 하나하나 손으로 만든 디테일은 따뜻하고 위로를 주며, 고난과 희생, 사랑과 구원의 메시지를 전하고 있습니다. 이는 한국 기독교가 서구에서 전래한 종교를 우리의 문화적 토양 위에서 창조적으로 재해석하고 있음을 보여준 것입니다.

전통과 현대, 동양과 서양, 예술과 신앙이 조화롭게 어우러진 이 십자가는 우리에게 참된 안식과 위로를 선사하며, 하나님의 무한한 사랑과 은혜를 일깨워 줍니다.

한국적(韓國的) 십자가

장정웅(보름산미술관)
가시나무, 짚, 한지
270×630mm

가시나무 십자가

이 두 개의 십자가는 김포 「보름산미술관」에 고 장정웅 님께서 가시나무(음나무)와 넝쿨나무로 십자가를 만들고, 볏짚으로 새끼를 꼬아 예수의 형상을 만든 후, 한지로 수의를 만들어 입힌 것으로 우리의 자연 재료를 통해 십자가의 의미를 재해석한 작품입니다.

가시나무(음나무)는 엄나무라고도 하며 해동목(海桐木), 자추목(刺秋木)이라고도 불립니다. 가시나무는 줄기와 가지에 날카로운 가시가 많아 다루기가 어려우며, 민간에서는 약용으로도 사용되어 고통을 치유하는 나무이기도 합니다.

작가가 이 『가시나무로 십자가』를 만든 것은 예수가 쓰신 가시면류관을 떠올리게 하며, 예수가 당하신 고통과 아픔을 강조하는 동시에 가시 속에서 피어나는 생명력과 치유의 의미를 함께 담고 있으며, 넝쿨나무는 서로 얽혀 있는 풀기 어려운 매듭처럼 죄에서 벗어나기 어려운 인간의

상태를 보여주는 동시에 서로 연결되고 의존하며 살아가는 공동체적 삶의 모습을 나타냅니다.

볏짚으로 새끼를 꼬아 예수의 형상을 만든 것은 전통 농업 문화와 삶의 일부였던 자연 재료를 활용한 것으로, 우리의 삶과 신앙이 땀과 수고와 정성이 만나는 일상의 자연스러움입니다.

볏짚이 꼬여져 십자가를 감싸고, 예수님의 형상을 만들어 내는 과정을 보며 우리의 삶도 이처럼 서로 엮여 있음을 생각합니다. 나 혼자가 아니라 다른 이들과 얽히고설켜 한 몸을 이루며 살아가는 공동체, 그 안에서 우리는 서로의 짐을 나누어지고, 함께 고통을 감내하며, 사랑의 끈으로 묶여 하나가 됩니다.

한지란 닥나무를 주원료로 하여 손으로 떠서 만든 우리나라 전통 종이로, 오랜 세월 동안 우리 일상에서 기록물과 공예품, 창호지 등 실용적인 용도로 사용되어 우리의 삶 속에 깊이 자리 잡고 있습니다. 작가는 한지로 수의(壽衣)를 만들어 입혔는데, 한국 전통에서 수의는 단순한 죽음의 옷이 아니라 마무리이자 새로운 시작을 위한 준비의 의미를 담고 있으며, 우리의 조상들은 한지로 만든 수의를 사용하기도 하였습니다.

한지는 모든 것을 감싸안은 품처럼 보입니다. 나의 상처, 나의 고통, 나의 부끄러움까지도 모두 덮어주며 보호해 주는 그분의 사랑은 우리의 모든 것을 덮으시고, 우리를 온전히 받아주십니다.

볏짚과 한지, 가시나무 등 서민의 생활에서 흔히 볼 수 있는 재료들이 거룩한 십자가의 일부가 되었을 때, 서민들의 삶이 가진 검소함과 소박한 아름다움이 일상의 고단함 속에서도 예수님이 함께하심과 우리 일상의 삶이 얼마나 거룩하고 소중한지 깨닫게 합니다.

이 십자가를 바라보면 날카로운 가시마다 예수께서 받으신 고난의 흔적이 느껴집니다. 우리의 죄와 우리의 연약함이 그 가시에 엮여 예수의 몸에 깊은 상처를 남긴 십자가의 큰 고통을 깊이 깨닫게 합니다. 또, 볏짚은 우리의 삶, 우리 땀의 소산입니다. 그것이 십자가에 엮여 있을 때 우리의 고단한 삶이 예수께서 지고 가신 십자가와 맞닿아 있음을 느끼게 합니다.

이 십자가를 바라보며 불완전한 우리 삶도 십자가의 이야기를 완성해 감을 깨닫게 되고, 하나님의 완전한 사랑이 우리의 일상과 전통, 자연과 신앙을 하나로 엮이 세로운 의미를 창조하심을 경험하게 됨을 깨닫게 됩니다.

김재헌(하늘나무공방)
기와
150×435×150mm

기와 십자가

이 십자가는 지방문화재 보수공사 때 교체되는 낡은 수막새 기와로 만든 것으로 양평 용문「하늘나무공방」의 김재현 님이 만든 것입니다.

기와는 주로 점토를 원료로 만든 것으로 한국 전통 건축에서 지붕을 덮는 중요한 요소로, 보호와 안정을 상징하며, 기와를 통해 신앙의 보호와 안식처로서의 신앙적 의미를 강조하고 있습니다. 기와는 눈, 비, 바람 등 외부 환경으로부터 건물을 보호할 뿐만 아니라 건물의 미적 가치를 높이는 역할을 하는데, 그 기원은 중국에서 비롯되었으며 한국에서는 삼국시대부터 사용되기 시작하였다고 합니다.

옛 건축물은 목조 지붕을 주로 기와로 덮었습니다. 기와는 암키와, 수키와, 암막새, 수막새, 망와(望瓦), 부와(夫瓦)로 구성되며, 암키와를 바닥에 깔고 수키와로 그 이음새를 덮어서 용마루에서 처마까지 기왓골이 나게 하였고, 기와를 입혀 내려온 끝을 암키와는 암막새 기와, 수키와는 수막새 기와로 마무리합니다.

지붕의 끝에 암키와는 호형(弧形), 수키와는 원형으로 막는데 이것을 암막새 기와와 수막새 기와라고 부르며 와당의 문양은 시대에 따라 변화하면서 구름 문양, 기하형 문양, 길상 문자, 동물 문양, 꽃문양 등 다양한 형태로 새겨져 한국 전통 건축의 아름다움을 보여줍니다.

이 『기와 십자가』는 기와 중심부에 둥근 자방(子房 씨방)을 중심으로 여러 개의 꽃잎이 방사형으로 펼쳐져 있으며, 꽃잎들이 길쭉하고 끝부분이 둥글게 처리되어 연꽃의 형태를 보여주는 연꽃무늬(연화문)가 새겨진 수막새 기와입니다.

기와가 지붕을 덮고 보호하던 재료였던 것처럼, 예수께서 십자가에서 우리의 모든 고통과 죄를 덮으시고 보호해 주셨으며, 이 『기와 십자가』가 우리의 삶 속에 과거의 고난과 역사의 흔적을 품고, 집과 공간을 덮으며, 모진 비바람을 견뎌낸 것처럼 예수께서도 십자가에서 우리의 모든 고통과 죄를 덮으시고 지켜주는 보호막이 되어 "수고하고 무거운 짐 진 자들아 다 내게로 오라 내가 너희를 쉬게 하리라"(마 11:28)라고 우리를 부르십니다.

기와는 깨지기 쉬운 재료로, 『기와 십자가』는 우리의 연약함을 떠올리게 합니다. "나에게 이르시기를 내 은혜가 네게 족하도다 이는 내 능력이 약한 데서 온전하여짐이라"(고후 12:9)라는 말씀처럼 우리 역시 연약하지만, 우리의 약함 속에서 하나님의 강함이 드러나며, 연약함이 부끄러운 것이 아니라 하나님의 능력을 나타내는 도구임을 가르쳐 줍니다.

이 십자가는 중앙이 비어 있습니다. 텅 빈 십자가를 통해 비움의 은혜를 묵상합니다. 예수께서 십자가에서 자신을 온전히 비우셨듯이, 우리의 삶에서도 자신의 욕심과 두려움을 비워야 할 때가 있습니다. 텅 빈 공간은 단순한 부재가 아닙니다. 그것은 새로운 은혜와 평강이 들어올 수 있는 자리를 내어줌입니다.

이 『기와 십자가』는 오랜 시간과 역사를 거쳐 지금 어기에 서 있습니다. 오랜 풍상에 낡고 부서질 수밖에 없지만, 지금은 구원의 상징이 되었습니다. 십자가는 우리의 과거를 치유하고, 현재를 붙들며, 미래를 향한 희망을 줍니다. 과거의 모든 실수와 상처는 예수님께서 십자가에서 흘리신 피로 씻겼고, 그 사랑은 오늘도 우리를 새롭게 합니다.

148

한국적(韓國的) 십자가

조병곤(선물 갤러리) 유연숙(부평성산교회 2025)
나무, 자개
330×505×40mm

다 이루었다 십자가

이 십자가는 서래마을 「선물 갤러리」의 조병곤 님이 나무로 기본 틀을 짜 만들고, 부평성산교회 유연숙 권사님이 나전칠기로 완성한 십자가입니다.

십자가의 머리 부분이 고개를 왼쪽으로 숙이신 모습은 요한복음 19장 30절에 "다 이루었다 하시고 머리를 숙이니 영혼이 떠나가시니라"라는 말씀을 떠올리게 합니다. 이는 우리의 죄를 대신하여 죽으시는 그 순간의 겸손과 순종, 그리고 구원 사역의 완성을 보여줍니다. 이 모습은 우리와 함께 아파하시고 동행하시는 예수의 마음을 형상화한 것으로도 볼 수 있습니다.

이 작품에서 보면 고개를 왼쪽으로 숙이고 있습니다. 그런데 이 고개 숙임을 왼쪽과 오른쪽으로 구분하여 논하는 경우가 있습니다. 전통 신학에서는 오른쪽 고개 숙임을 하나님의 오른편, 즉 영광과 구원의 방향을 상징한다(히 1:3)고도 하며, 왼쪽 고개 숙임을 인간의 죄와 고통을 짊어지시는 겸손과 낮아지심을 나타낸다(빌 2)고도 합니다. 그러나 기독교 미술사적 관점에서 보면 실제로는 좌우 방향이 일정하지 않고 시대와 지역, 화가나 조각가에 따라 다양합니다.

　작가는 나전칠기(螺鈿漆器) 십자가 작업의 옻칠 색상을 붉은색으로 마무리하였습니다. 붉은색은 십자가에서 흘리신 예수 그리스도의 보혈을 상징합니다. 무지갯빛으로 반짝이는 자개 조각들은 하나님의 언약과 약속을 떠올리게 합니다.

　자개 조각 하나하나가 제각기 다른 빛깔로 반짝이듯, 우리 각자의 상처와 아픔도 하나님의 빛 안에서는 고유한 아름다움이 됩니다. 무지갯빛 자개 조각들이 똑같은 것이 없듯이, 그 조각 속에는 각자 나름의 간증이 있고, 다양한 은혜의 이야기가 있습니다.

　나전칠기는 우리나라를 대표하는 전통공예로 고려시대에 독자적인 양식을 이루며 발전하여 조선시대까지 활발하게 제작되었다고 합니다. 나전칠기는 칠을 한 기물 위에 자개로 장식한 뒤 연마, 옻칠, 광내기와 같은 과정을 거쳐 완성합니다.

칠(漆)의 종류는 생칠(生漆)과 투칠(透漆)이 있으며, 투칠에 안료(顔料)를 가한 채칠(彩漆), 투칠에 철분을 가한 흑칠(黑漆), 옻나무에 불을 가하여 나온 진인 화칠(火漆), 생칠을 화학적으로 처리한 정제칠(精製漆)이 있습니다.

정제칠을 기반으로 '투명칠' '흑칠(黑漆)' '주칠(朱漆)' 등 20여 종의 정제칠로 분류합니다. 이 십자가에 사용된 것은 주칠(朱漆) 계열의 붉은 옻칠로 보입니다.

나전칠기 작품의 제작 과정은 짧게는 수 주, 길게는 수개월에서 1년 이상이 걸리는 인내와 반복, 섬세함, 예술성과 철학의 결합으로 단순한 공예가 아니라 '빛나는 생명을 덧입히는 예술'이라 하겠습니다. 이는 우리의 신앙이 고난을 겹겹이 통과해 빛으로 드러나는 영적 여정과도 같습니다.

작가가 붓을 들어 수없이 옻칠하듯 하나님도 우리에게 매일 새로운 은혜를 입혀주십니다. 우리가 모르는 사이에 우리가 잠든 사이에도 그분의 사랑은 우리를 감싸고 보호하고 아름답게 만들어가십니다.

고개 숙인 십자가는 나에게 말합니다. "너는 혼자가 아니다. 내가 너와 함께 고개를 떨구고 있다. 네가 아플 때 나도 아프고, 네가 울 때 나도 운다. 그리고 네가 일어설 때 나도 함께 일어선다."

세번째 이야기

152

한국적(韓國的) 십자가

두루마기 십자가

이 십자가는 강화「빌립공방」의 김명원 권사님이 나무로 두루마기를 형상화하여 만든 십자가입니다.

한복의 겉옷인 두루마기란 '두루 막혔다'라는 뜻으로, 한자어로는 '주의(周衣)'라고 하며, 한복을 구성하는 여러 요소 중 바깥에 입는 겉옷으로 한민족을 상징하는 의복이라 할 수 있을 정도로 오랫동안 사랑받아 온 복식입니다.

한복은 저고리와 치마(여성) 또는 바지(남성)를 기본으로 하고 그 위에 배자나 마고자 등의 조끼류를 입은 후 겉에 두루마기나 도포(道袍) 같은 포류(袍類)를 걸치는 구조로 되어 있습니다. 역사적으로는 고구려 시대까지 이르며, 고려시대에는 몽골의 영향으로 변화를 겪기도 하였지만, 우리만의 고유한 아름다움을 간직하며 발전해 왔습니다.

오늘날의 두루마기는 1884년(고종 21년) 갑신의제개혁 때 사복(私服)은 귀천을 막론하고 넓은 소매의 옷 대신에 좁아진 소매의 옷을 입게 하였고, 1895년 을미개혁 때는 관리와 백성의 차별을 두지 않겠다며 양반과 백성 모두에게 두루마기를 입도록 하였으며, 여기에 더해 흰색 옷은 때가 잘 찌들어 자주 빨기 때문에 물을 낭비한다는 이유로 검은 두루마기를 장려하여 '만민 평등의 옷'이라는 별칭을 갖게 되었습니다.

이 십자가는 두루마기의 넓은 소매와 그 안에 감춰진 듯한 십자가 형태가 은유적으로 표현된 것 같아, 겉으로는 부드럽고 따뜻하며, 평온하고, 안정감이 있어 보이지만, 신앙의 본질적인 의미가 내면에 깊이 자리 잡고 있음을 느낄 수 있습니다.

두루마기의 이미지는 한국 교회의 토착화된 신앙과 문화를 반영한 것으로 볼 수 있습니다. 따라서 이 작품의 성서적 배경은 예수님의 겸손과 섬김, 희생을 나타내며, 역사적 배경은 한국 기독교의 토착화 과정과 그 맥락 속에서 신앙과 전통의 융합을 표현한 작품이라 할 수 있습니다.

이 『두루마기 십자가』는 저고리와 치마나 바지만으로는 완전하지 않던 한복이 두루마기를 걸침으로써 비로소 온전한 예복이 되듯이 우리의 삶도 주님의 사랑으로 덮어주실 때 완전해진다는 의미를 담고 있습니다. 차가운 바람으로부터 몸을 보호하는 따뜻한 옷인 두루마기처럼 우리의 연약함과 고통을 아시는 주님께서 우리를 보호하시고 위로하신다는 메시지를 담고 있습니다.

한국화(韓國畵)의 대가 운보(雲甫) 김기창(金基昶 1914~2001) 화백의 '예수의 생애' 작품에서 흰 두루마기를 입고 갓을 쓰신 예수의 모습을 만나볼 수 있습니다. 충북 청주시 청원구 '운보의 집' '예수의 생애 특별관'에서 전시된 30여 점의 '예수의 생애' 작품을 보면 두루마기 한복을 입으신 예수의 모습이 참으로 정겹고 친근하게 다가옵니다.

성경 요한계시록 6장 11절에 "각각 그들에게 흰 두루마기를 주시며 이르시되" 하셨고, 요한계시록 7장 9절에는 "각 나라와 족속과 백성과 방언에서 아무라도 능히 셀 수 없는 큰 무리가 흰옷을 입고" 있다고 하셨으며, 요한계시록 22장 14절은 "자기 두루마기를 빠는 자들은 복이 있으니" 하셨는데, 여기에서 말씀하시는 '흰 두루마기'나 '흰옷'은 예수를 믿음으로 입는 의로운 옷을 상징합니다.

　주님, 이 『두루마기 십자가』를 보며 당신의 따뜻한 사랑을 묵상합니다. 차가운 세상 속에서도 저를 감싸안으시고, 제 삶의 고통 속에서도 함께하시며 위로하시는 주님을 찬양합니다. 이 십자가가 저의 삶 속에서 단순한 고난의 상징이 아니라, 사랑과 생명의 약속이 되게 하소서. 제가 삶의 고난과 아픔 속에서도 당신의 사랑을 기억하며, 그 사랑으로 다른 이들을 감싸안을 수 있도록 인도하소서.

유정(갤러리 The B)
바가지, 도자기
250×200×390mm

한국적(韓國的) 십자가

박 바가지와 사다리 십자가

이 십자가는 인사동 쌈지길에서 「갤러리 The B」를 운영하시던 유정 님이 박 바가지 위에 천상을 오르는 도자기 사다리를 십자가로 표현한 것입니다.

'바가지'는 박열매를 반으로 갈라 속을 비우고 남은 껍질을 말려서 만든 그릇으로, '박'에 작음을 의미하는 접미사 '아지'가 붙어서 만들어진 말입니다. 박은 씨앗에서 시작되어 넝쿨을 뻗으며 자라나 열매를 맺고 다시 새로운 생명이 씨앗을 품는 놀라운 생명력을 가진 식물로, 특히 가뭄에도 잘 견디며 척박한 땅에서도 풍성한 열매를 맺는 강인한 생명력을 보여줍니다.

바가지는 사용 용도에 따라 쌀을 퍼내는 쌀바가지, 장독에 두고 쓰는 장조랑바가지, 물을 퍼내는 물바가지, 소의 먹이를 떠내는 쇠죽바가지 등 살림 도구에 많이 사용되었으며, 크기에 따라 말박, 가달박, 물박, 뒷박, 조롱박, 표주박 등으로 불리었습니다.

박을 활용한 전통 공예품에는 박에 구멍을 뚫어 눈과 입을 만든 탈바가지, 통박과 한지를 이용하여 만드는 등(燈), 조각품과 악기 등이 있어 우리 조상들의 생활 문화를 느낄 수 있는 중요한 문화유산이 되었습니다. 특히 박으로 만든 표주박은 나그네들이 물을 담아 다니는 필수품이었고, 소박하면서도 실용적인 지혜가 담긴 그릇이었습니다.

성경 고린도후서 4장 7절에 "우리가 이 보배를 질그릇에 가졌으니 이는 심히 큰 능력은 하나님께 있고 우리에게 있지 아니함을 알게 하려 함이라" 하였는데 이 질그릇은 우리 서민의 삶에 바가지와 비유하여도 크게 어긋나지 않을 것 같습니다. 그릇은 종종 하나님의 뜻을 담는 존재로 인간을 비유하기도 하였습니다.

이 바가지와 도자기의 결합은 인간이 연약한 그릇이지만 그 안에 하나님의 놀라운 뜻이 담길 수 있음을 이야기하고 있으며, 바가지가 속을 완전히 비워냄으로써 비로소 쓸모 있는 그릇이 되듯이 우리도 자신을 낮추고 비울 때 하나님의 은혜를 담을 수 있는 귀한 그릇이 될 수 있음을 이야기하고 있습니다.

작가는 박 박가지 위에 도자기로 십자가를 만들어 천상과 연결된 금빛 사다리를 세웠습니다. 이 사다리는 창세기 28장 12절에 야곱이 꿈에서 본 사다리 "꿈에 본즉 사닥다리가 땅 위에 서 있는데 그 꼭대기가 하늘에 닿았고 또 본즉 하나님의 사자들이 그 위에서 오르락내리락하고"를 연상하게 합니다. 야곱이 벧엘에서 돌을 베개 삼아 잠들었을 때 본 이 환상은 하나님과 인간 사이의 소통의 통로를 상징합니다.

바가지는 땅에서 자라난 소박한 재료이지만 그 위에 세워진 십자가는 오직 예수님을 통해서만이 하나님께 이를 수 있음을 사다리로 표현했다고 할 수 있습니다. 여기서 사다리의 형태가 십자가와 결합한 것은 예수님의 십자가가 바로 하늘과 땅을 잇는 유일한 다리임을 보여주며, 요한복음 14장 6절 "내가 곧 길이요 진리요 생명이니 나로 말미암지 않고는 아버지께로 올 자가 없느니라"라는 말씀을 시각적으로 표현한 것입니다.

우리 생활에서 흔하게 사용되었지만, 천히 여겨졌던 바가지 위에 세워진 사다리가 하늘에 닿을 수 있듯이 우리의 나약함과 낮은 자리도 구원의 길로 이어질 수 있고 박이 씨앗에서 시작되어 열매를 맺고 다시 새로운 씨앗을 품듯이 우리의 삶도 십자가의 은혜 안에서 끊임없이 새로워지며 부활의 소망으로 열매 맺는 축복된 여정이 될 수 있습니다.

화려하고 값비싼 재료가 아닌 소박한 바가지 위에 세워진 십자가는 "하나님께서 세상의 미련한 것들을 택하사 지혜 있는 자들을 부끄럽게 하려 하시고 세상의 약한 것들을 택하사 강한 것들을 부끄럽게 하려 하시며" 라고 하신 고린도전서 1장 27절의 말씀을 깊이 묵상하게 합니다.

김재윤(all that hammer 2024)
동판
70×70×160mm

세 번째 이야기 | 한국적(韓國的) 십자가

160

워낭 십자가

이 십자가는 금속공예가 「all that hammer」 김재윤 님이 동판을 두들겨 만든 것으로, 워낭은 소나 말의 목에 걸어 움직일 때마다 소리를 내는 종(鐘)을 말합니다.

워낭은 전통적으로 농업 사회에서 가축의 위치를 파악하고 소통의 수단으로 사용되었던 것인데 이 워낭에 십자가를 결합하여 만들었습니다.

워낭이란 단어는 2009년 1월 상영된 다큐멘터리 독립영화 '워낭소리'를 통해 우리에게 널리 알려졌으며, 이 영화는 295만 명이 관람하여 우리나라 다큐멘터리 영화 역사상 큰 화제를 불러일으켰습니다. 영화는 40년을 동고동락하며 인생의 무게를 함께 짊어져 온 소와 농부가 마지막으로 함께 보낸 1년의 세월을 담고 있어 우리에게 잊혀가는 농업 문화의 소중함과 생명에 대한 깊은 성찰을 안겨준바 있습니다.

전주 효자동교회 진영훈 목사는 이 십자가에 대하여 "소의 귀 아래로 늘여 달거나 목에 묶어 움직일 때마다 청아한 소리를 내던 워낭, 지금은 점점 잊혀가는 워낭의 모양을 한 종(鐘)이 아름답다. 그 소리는 '아직 살아 있소' 하며 주인을 안심시키는 소리 '나 여기서 일하고 있소'

하며 주인에게 충성을 다하는 소리를 쉴 새 없이 전하던 소리였다."라고 설명하며 "그 워낭에 십자가를 세웠다. '주님 나는 주님의 종입니다' 하며 소리를 내는 종 '주님 저 살아 있습니다' 하며 소리를 내는 종은 십자가에서 온 땅의 종으로 섬기기 위해 이 땅에 오신 그리스도의 사명을 되새기게 한다."라고 해석하였습니다.

작가는 동판을 쉴 새 없이 두들기고 불에 연단하며, 깎고 다듬는 과정을 통해 『워낭 십자가』를 완성하였는데, 이 제작 과정 자체가 깊은 영적 의미를 담고 있습니다. 차가운 금속이 뜨거운 불과 망치질의 연단을 거쳐 아름다운 소리를 내는 워낭으로 탄생하는 것처럼 신앙인도 삶의 고난과 시련을 통해 하나님 앞에서 아름다운 소리를 낼 수 있는 존재로 성장해 간다는 메시지를 전달합니다. 진영훈 목사는 "차가운 쇠지만 만들어지는 과정은 가장 뜨거운 과정을 거치지 않으면 안 되는 작품이라 오랜 시간 주님 앞에 고뇌하며 몸부림하던 작가의 따뜻한 신앙심이 차가운 이 작품에 머물러 있다"라고 평가했습니다.

이 십자가에서 워낭의 둥근 형태와 십자가의 직선적 형태가 만드는 대조는 부드러움과 견고함, 포용과 지향이라는 이중적 의미를 가지며, 작품마다 워낭과 십자가의 비례와 모양이 다르게 설정되어 단조로움을 피하고 고유한 개성을 나타내고 있으며, 워낭 몸체들은 전통적인 종 모양의 기본 형태를 유지하면서도 현대적인 해석을 가미하여 재해석한 것으로 볼 수 있습니다.

여기 **사진1**에 소개한 4개의 『워낭 십자가』는 서로 다른 크기와 두께, 형태를 가지고 있어 울리는 소리의 음색이 모두 다릅니다. 이는 신앙 공동체 안에서 각자가 가진 고유한 은사와 역할을 상징하며, 우리의 기도와 찬양 또한 각기 다른 색깔과 울림을 가질 수 있음을 이야기합니다. 한 몸의 여러 지체가 각각 다른 기능을 하듯이 각기 다른 소리를 내는 워낭들은 다양성 속의 일치라는 공동체의 본질을 드러냅니다.

농부가 소를 몰며 논, 밭을 갈 때 워낭의 소리가 일정하게 반복됩니다. 이는 소의 위치를 주인에게 알려주는 역할을 하지만, 이 십자가에서 워낭의 종소리는 나의 영적 상태와 위치를 하나님께 알리는 소리가 됩니다.

이처럼 『워낭 십자가』의 울림은 우리를 쉼으로 초대하는 주님의 음성이며, 동시에 우리의 존재를 확인해 주시는 하나님의 사랑 표현입니다. 우리가 소처럼 묵묵히 워낭 소리를 내며, 기도를 올리며, 주님께 나아갈 때마다 감사와 찬양이 하늘에 닿기를 소망합니다.

한국루터란아워 성물센터(2010)에서 구입
나무
230×310×150mm

지게를 지신 왕 십자가

이 작품은 십자가를 지신 왕의 모습을 나무로 조각한 작품으로 2010년경 후암동 「한국루터란아워 성물 센터」에서 산 것으로, 한복을 입고 면류관을 쓰신 왕이 지게를 지고 있는 독특한 모습으로 외국인들이 많은 관심을 보였던 작품입니다.

지게는 사람이 등에 지고 짐을 실어 나르던 우리의 전통적인 운반 기구입니다. 건장한 남자는 지게 한 짐에 50~70kg을 실어 운반하였다고 합니다. 지게의 최초 사용 시기는 명확하지 않으니 삼한 시대부터 쓰인 것으로 추정됩니다.

수레가 있긴 하였지만 평탄한 도시나 마을에서만 주로 사용할 수 있었고, 산을 넘고 개울을 건너야 하는 우리나라의 험준한 지형적 특성에서는 지게가 가장 효율적인 운송수단이었습니다. 특히 한국 전쟁 당시에는 지게를 활용한 수송부대, 일명 지게부대가 조직되어 차량이나 군마가 접근할 수 없는 험준한 고지에서 탄약, 식량, 식수를 보급하고 부상자와 전사자를 후송하는 중요한 역할을 담당했습니다. 이는 지게가 단순한 농기구를 넘어 희생과 헌신의 상징으로 승화된 역사적 사례입니다.

지게에는 쪽지게·옥지게·거지게·물지게 등 다양한 종류가 있었
는데, 쪽지게는 쪽나무나 각목에 못을 박아 지게처럼 꾸며서 만들
었고, 옥지게는 강원도 산간지방에서 경사가 급한 산에서 땔나무를
운반할 때 사용하였으며, 거지게는 길마 양쪽에 걸어 소가 굵고 긴
나무나 돌 같은 무거운 짐을 운반하는 데 사용했습니다.

지게는 노동과 삶의 무게를 상징하는 기구입니다. 예수가 이 땅에
오셔서 우리의 고통과 짐을 대신 지셨다는 신학적 메시지를 지게로
전달합니다. 왕이신 주님이 지게를 지고 계신 모습은 빌립보서 2장
6~8절 에서 말하는 자기 비움(kenosis)의 신학을 시각적으로 표현한
것으로 하나님의 본체이면서도 종의 형체를 입으시고 사람들과 같이
되신 예수의 겸손한 성육신을 보여줍니다. 이는 권력과 영광이 아닌
섬김과 희생을 위해 이 땅에 오신 그리스도의 본질을 드러내는 표현
입니다.

더욱이 이 지게 십자가의 왕은 한복을 입고 면류관을 쓰신 모습으로 표현되어 있는데, 이는 예수의 사랑과 희생을 한국 문화 속에서 재해석하여 복음의 토착화를 표현한 작가의 마음입니다. 한복이라는 전통 의상과 면류관이라는 왕권의 상징이 지게라는 노동 도구와 결합한 것은 우리 민족의 삶과 일상의 소재를 통하여 십자가의 의미를 표현한 매우 의미 있는 시도입니다.

지게에는 부챗살 모양으로 펼쳐진 발채(지게에 얹어 짐을 싣는 데 쓰는 싸리나무로 만든 소쿠리 모양의 물건)를 얹었습니다. 이 모양은 마치 예수의 사랑이 사방으로 퍼져나가는 모습으로 우리의 짐을 받아들이기 위해 활짝 펼쳐진 품과 같은 느낌을 담고 있습니다. 여기에 싸리나무의 자연스러운 질감과 색상은 소박함을 표현합니다.

한복을 입고 지게를 진 왕. 그분의 지게 위엔 세상의 무거운 짐, 우리의 고통, 우리의 연약함이 실려 있습니다. 짐을 내려놓지 못한 채 허덕이는 우리 삶의 숨결 하나하나를 품으신 왕의 모습…. 왕의 지게는 단순한 짐이 아니라 우리를 대신하여 짊어진 사랑의 짐입니다.

또, 갈라디아서 6장 2절에 "너희가 짐을 서로 지라 그리하여 그리스도의 법을 성취하라"는 말씀처럼 타인의 짐을 함께 지는 것이 바로 그리스도를 따르는 삶의 본질임을 일깨워 줍니다.

홍인선(2015)
나무
390×685×60mm

창(窓)살 문양 십자가

이 십자가는 2015년 홍인선 님이 우리의 전통 창살 문양을 현대적으로 해석하여 만든 십자가입니다. 창호(窓戶)는 건축물의 중요한 구성 요소로서 내부와 외부를 연결하는 매개체 역할을 합니다. 창호가 건축물에서 아름다움을 담당한다면, 그 아름다움의 핵심은 바로 창살이 만들어내는 조형미에 있습니다. 창호지와 창살, 그리고 빛이 어우러져 만들어내는 조화는 한옥만의 독특한 미적 정취를 자아냅니다.

전통 창살은 격자형, 문양형, 복합형 창살로 구분하며, 살의 문양은 띠살(세살), 정(井)자살, 빗살(교살), 만(卍)자살, 아(亞)자살, 꽃살 등 무궁무진하며, 이들을 응용하여 더욱 다양하고 정교한 문양을 창조할 수 있다고 합니다.

우리의 전통 창호는 못질이나 접착제 없이 오로지 짜임과 이음만으로 제작됩니다. 나무 조각들 사이에 정교한 홈을 만들어 결합하는 이 방식은 구조적 견고함과 미적 완성도를 추구하는 우리 조상들의 지혜입니다.

창호의 주재료는 나무입니다. 나무는 온도와 습도에 민감하여 변화에 따라 창호의 나무가 뒤틀릴 수 있습니다. 따라서 한옥 창호는 주로 소나무, 느티나무, 전나무 등 강도가 높고 내구성이 좋은 나무가 사용됩니다.

이 십자가의 또 다른 의미는 창살 문양이 지닌 '비움과 채움', '분리와 연결'인 한국인의 문화적 정체성과 기독교 신앙이 어떻게 조화를 이루는지를 보여줍니다. 창살 문양은 직사각형과 직선으로 구성된 기하학적 패턴으로 질서와 조화를 찾는 한국의 전통적인 건축 양식과 목공예에서 볼 수 있는 격자 문양을 현대적으로 재해석한 것입니다.

이 십자가의 창살 문양 곳곳에 배치된 비어 있는 공간들은 단순한 조형적 요소를 넘어 깊은 영적 의미를 담고 있습니다. 성경에서 '비움'은 자아를 비우고 하나님께 온전히 의지하는 상태를 의미합니다. 바울은 빌립보서 2장 7절에서 *"오히려 자기를 비워 종의 형체를 가지사 사람들과 같이 되셨고"* 라고 기록하여 예수님께서 자신을 비우시고 인간의 모습으로 이 땅에 오셔서 십자가에 달리셨음을 증언합니다. 창살의 빈 공간은 이러한 비움을 시각적으로 구현하며, 동시에 이 여백은 하나님으로 인해 채워질 수 있는 내어드림입니다.

한편, 이 십자가를 따라 시선을 움직이다 보면, 창살 구조처럼 복잡하게 얽힌 길 위에서 십자가를 중심으로 찾아가는 여정이 떠오릅니다. 삶은 미로처럼 복잡하고 혼란스러우며, 어느 길로 가야 할지 모르는 갈림길에서 우리는 때로 길을 잃기도 하지만, 이 십자가가 보여주듯이 겉보기에 복잡해 보이는 구조 속에도 분명한 중심과 질서가 존재합니다. 십자가를 중심에 두고 걸어갈 때 우리는 하나님이 예비하신 길을 발견할 수 있습니다.

"주님, 제 삶의 복잡하고 얽힌 길 속에서도 십자가를 중심에 두고 걸어가게 하소서…. 전통 창살의 여백처럼 제 마음을 비워 주님의 은혜로 채워주시고 혼란스러워 보이는 현실 속에서도 주님이 예비하신 질서와 아름다움을 발견하는 믿음의 눈을 허락하소서."

(2010)
한지
225×225×8mm

한지로 만든 십자가

이 십자가는 2010년경 장호원에서 만났던 작가가 한지(韓紙)로 만든 것입니다. 아쉽게도 작가의 성함을 기억하지 못하고 당시 사용하던 브랜드가 「연리지」, 「소금지」였던 것만 기억합니다.

한지는 일명 닥종이라고 합니다. 이는 닥나무의 껍질을 원료로 하여 만들었기 때문입니다. 한지의 특징은 내구성과 부드러움입니다. 일반적인 종이보다 질기고 수명이 길며, 가볍고 항균성과 보온성이 뛰어나고 방습, 온도 조절이 가능한 소재이며, 시간이 지나도 변형이나 손상이 적어 오래 보존할 수 있습니다.

한지는 습기에 약해 젖어 있을 때는 쉽게 찢어지고 형태 유지가 어렵지만, 여러 겹 붙여 말렸을 때는 나무만큼 탄탄함을 갖게 됩니다. 이는 마치 연약함 속에 감춰진 강인함, 여러 겹의 고난이 쌓여 만들어지는 견고한 믿음, 눈물과 시련 속에서도 하나님의 손길로 다시 견고해지는 우리의 신앙 여정을 보여주는 것 같습니다.

한지공예(韓紙工藝)는 제작 기법에 따라 한지를 노끈으로 꼬아 만드는 지승공예(紙繩工藝), 한지를 겹쳐 붙이거나 문양을 오려 장식하는 지장공예(紙裝工藝), 한지를 풀과 섞어 종이 죽 형태로 만들어 골격을 형성하는 지호공예(紙糊工藝)로 나눌 수 있습니다.

지승공예의 '꼬아 만들기'는 삶의 시련들이 꼬이고 엮여 하나의 아름다운 작품이 되는 과정을, 지장공예의 '겹쳐 붙이기'는 기도와 찬양이 겹겹이 쌓여 완성되는 신앙을, 지호공예의 '풀 매김'은 성령의 역사로 하나 되는 공동체를 상징하는 듯합니다.

이 십자가는 지장공예의 기법으로 만든 것으로 전통적인 한국의 자연 재료들인 한지와 함께 모시나 삼베를 사용하였고, 지승 끈, 꽃 잎이나 나뭇잎 말린 것, 돌가루, 어패류, 고서 조각 등으로 만들어졌습니다.

사진 1은 전통적인 십자가의 형태를 유지하면서도 현대적이고 추상적인 감각을 표현하고 있으며, 화려하거나 대담한 장식 없이 자연스럽고 소박한 느낌을 전달합니다. 이는 내면의 깊이를 중시하는 한국인의 미적 감각을 그대로 담아낸 듯합니다.

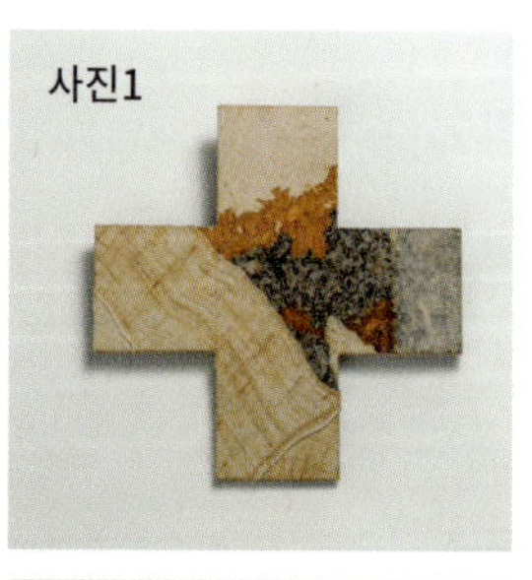

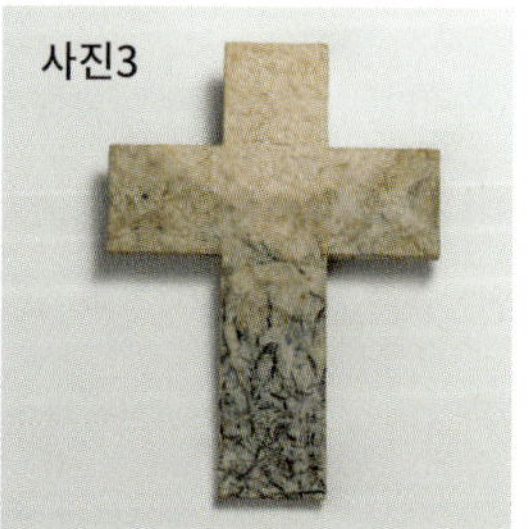

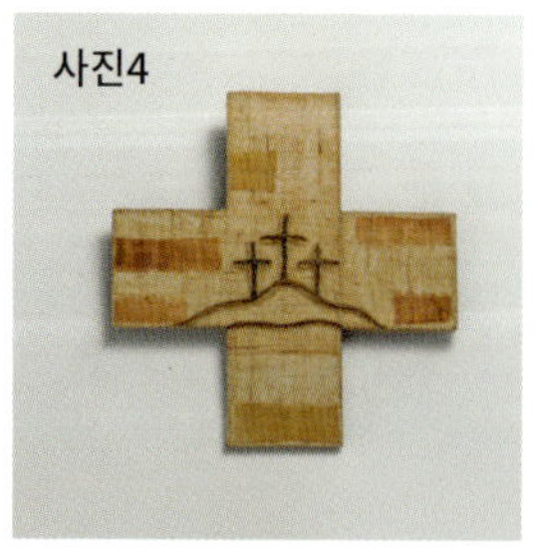

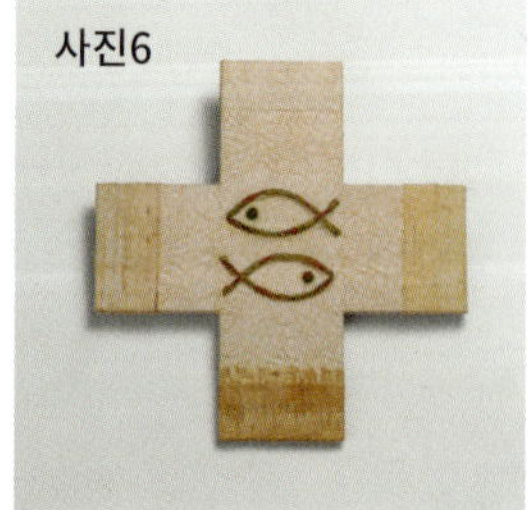

사진 2는 지승 끈으로 포도 넝쿨과 포도송이를 만들고 천연염색을 한 한지로 마감한 작품으로 포도는 그리스도의 보혈과 생명을 의미합니다.

사진 3은 지호공예의 방식으로 고서(古書)를 풀 매김 하여 문양을 내고 먹으로 그라데이션 효과를 주어 고서의 글자들이 마치 하나님의 말씀이 우리 삶에 스며드는 모습을 형상화한 것 같습니다.

사진 4는 지승 끈으로 골고다 언덕에 세 개의 십자가를 세우고 거친 삼베 조각, 모시 조각을 덧붙여 예수 고난의 십자가를 표현하였습니다.

사진 5는 한지로 마감한 십자가 중앙에 돌가루와 어패류로 작은 십자가를 세우고 말린 나뭇잎과 꽃잎으로 둘렀습니다. 자연의 소재들이 십자가를 둘러싸고 있는 모습은 모든 피조물이 구원의 십자가를 찬양하는 것 같습니다.

이 십자가들은 단순히 신앙적 상징에 머무르지 않고 우리의 역사와 문화, 그리고 삶의 이야기를 담아낸 한국적 십자가로 전통 한국 문화를 현대적으로 재해석하고 있습니다.

십자가는 늘 거친 나무로 만들어진다고 생각했습니다. 못 박힌 흔적, 찢긴 살결, 그 고통의 무게를 짊어진 나무의 결이 십자가를 십자가답게 만든다고 여겼습니다. 하지만, 이 십자가는 부드럽습니다. 한지의 섬세한 결마다, 삼베의 소박한 질감마다, 우리 삶 속에 깃든 고난과 회복이 어우러져 있습니다. 거친 삶을 품어내는 부드러움, 상처를 감싸는 따스함이 느껴집니다.

십자가를 품은 십자가 이야기

역사의 흔적에서 만나는 십자가 이야기

* 다미아노(Damiano) 십자가
* 러시아 정교회 십자가
* 멜리데 십자가
* 성찬(聖餐) 빵, 나무 스탬프 십자가
* 예루살렘 십자가
* 예수의 생애 십자가
* 올래(來) 자 십자가

다미아노(Damiano) 십자가

이 『다미아노 십자가(San Damiano Cross)』는 중세 기독교 역사에서 중요한 역할을 한 상징적인 십자가로 성 프란치스코(Francis of Assisi)와 관련이 있습니다. 이 십자가는 12세기 후반 이탈리아에서 제작된 것으로 원래 이탈리아 아시시(Assisi) 근처에 있는 작은 '산 다미아노(San Damiano)교회'에 걸려 있었으며, 비잔틴 양식의 특징을 가지고 있습니다.

유명한 일화로는 1205년경 성 프란치스코가 이 다미아노교회에서 기도하던 중 이 십자가를 통해 예수의 목소리를 들었다고 전해지며, "가서 무너져가는 내 집을 다시 세우라"라고 명령하셨다고 합니다. 이 신비로운 체험은 성 프란치스코의 인생을 바꾸는 계기가 되었고 이후 그는 부유한 상인의 아들이라는 신분을 버리고 가난한 이들을 돕고 겸손과 청빈의 삶을 추구하는 '프란치스코 수도회'를 설립하게 되었다고 합니다.

『다미아노 십자가』는 12~13세기 종교 예술이 신앙 교육과 전파의 중요한 수단으로 사용되던 시대에 제작되었습니다. 당시는 대부분의 사람이 문맹이었기에 성경 이야기를 시각적으로 전달하는 것이 매우 중요하였고, 십자가나 성화는 그리스도의 삶, 고난, 죽음, 부활을 시각적으로 설명하며 신앙의 핵심을 전달하는 도구가 되었습니다.

비잔틴 예술의 특징인 성경의 장면과 상징을 복잡하게 표현하는 양식이 이 십자가에 잘 나타나고 있습니다. 십자가의 상단에는 천사들과 하나님이 그려져 있습니다. 이는 예수의 부활과 승천을 상징하며, 예수의 머리 위쪽에 그려진 하나님의 손은 하나님 아버지가 성령을 통해 힘을 주시며 부활의 영광으로 이끄시는 모습을 보여줍니다. 열 명의 천사가 주변에 둘러싸고 있으며, 그중 다섯 명은 손을 들어 예수께 경배하는 모습을 보입니다.

십자가 중앙에는 예수의 모습이 그려져 있습니다. 옷은 금실로 장식한 아마포 잠방이로 표현되어 있어 구약시대 제사장의 제의를 연상시킵니다(출 28:42). 후광은 죽음을 뛰어넘는 생명의 승리를 선포하며, 눈은 얼굴 전체에 비하여 크게 그려져 있어 보는 이들과의 영적 교감을 강조합니다. 후광 주위에 그리스어로 쓰인 "IC XC"는 "예수 그리스도"를 뜻하는 약자입니다.

예수의 좌우에는 성모 마리아, 사도 요한, 그리고 몇몇 성인들이 그려져 있습니다. 오른편에 그려진 성모 마리아는 슬픔 속에서도 희망을 잃지 않는 어머니의 모습을, 왼편에 그려진 사랑받는 제자 요한은 슬픔과 경건함으로 가득 찬 모습으로 표현되어 십자가 사건의 증인 역할을 강조하고 있습니다.

또, 예수의 발아래에는 여섯 명의 인물이 그려져 있습니다. 왼쪽에는 마리아 막달레나(첫 번째)와 마르타(두 번째)가 그려져 있고, 오른쪽에는 로마 백부장(첫 번째)과 그의 동료(두 번째)들이 묘사되어 있어 마태복음 27장 54절의 말씀을 표현하고 있습니다.

이 『다미아노 십자가』는 금색 바탕을 이루고 있습니다. 비잔틴 예술에서 금색은 시간과 공간을 초월한 영원한 세계를 상징하는 배경색으로 자주 사용되었습니다. 금색은 현실 세계의 자연광이 아니라 하늘의 신성한 빛을 상징하는 것으로 천상에서 영광을 받으시는 구세주임을 강조하는 것입니다.

『다미아노 십자가』 앞에서 성 프란치스코가 받았던 은혜를 묵상하며 기도합니다. "주님, 제 삶을 당신의 도구로 써 주십시오. 이 십자가처럼 제 안에도 당신의 사랑과 영광이 새겨지게 하시고 무너져가는 이 시대의 영혼들을 회복시키는 일에 저를 사용해 주옵소서."

녹슨 청동
190×370×5mm

네 번째 이야기

182

십자가를 품은 십자가 이야기

러시아 정교회 십자가

이 십자가는 18세기 러시아 정교회 벽 십자가를 원본으로 하여 만든 녹슨 청동 십자가로, 세월의 흔적이 느껴지는 고풍스러운 외관을 지니고 있습니다.

정교회는 천주교, 개신교와 함께 3대 정통 기독교를 구성하는 매우 오래된 종파로 단일 교단으로서 많은 신자를 보유하고 있으며, 신앙을 교리로서가 아닌 일상과 연결된 실천으로 여기고, 신자들은 성찬 예배를 중심으로 매일의 삶을 살아기며, 전통을 매우 중시하는 삶을 살고 있습니다.

이 십자가는 러시아 정교회 및 관련 정교회 교단에서 사용하는 십자가의 한 형태로 비잔틴 제국에서 6세기부터 성화나 상징물에 사용되었으며, 러시아에서는 16세기 이반 4세(Ivan the Terrible) 시기부터 본격적으로 사용되기 시작하였습니다.

이 십자가의 구조 형태는 가운데 세로대에 3개의 가로대가 가로질러 있고 하단의 가로대는 한쪽으로 기울어져 있는 것이 특징입니다. 상단의 가로대는 예수님의 죄명을 "INRI"라고 쓴 빌라도의 죄 패를 의미합니다. INRI는 라틴어 "Iesus Nazarenus Rex Iudaeorum"의 약자로 "유대인의 왕 나사렛 예수"를 뜻합니다.

중앙의 가로대는 세로대와 함께 예수 그리스도가 십자가에 못 박히신 모습을 강조하였으며, 가로대 양쪽 끝에는 보통 'IC'와 'XC'가 새겨져 있습니다. 이는 "예수 그리스도(Ἰησοῦς Χριστός)"를 뜻하는 그리스어 약자이며, 예수의 팔 아랫부분에 새겨진 문구는 "예수를 믿는 자는 구원을 얻으리라"와 같은 성경 구절이나 신앙고백입니다.

중앙의 세로대는 예수의 형상과 함께 다양한 비문들이 새겨져 있습니다. 양쪽 상단 모서리에 태양(왼쪽)과 달(오른쪽)의 묘사되어 있으며, 그리스도의 머리 양쪽에는 "하나님의 아들"이라는 비문이 있고, 그의 팔 아래에는 정교회 전례문이 새겨져 있습니다.

그리스도의 후광에는 '스스로 계신 자' 또는 '존재하는 자'라는 뜻의 그리스 문자 "Ο ῎ΩΝ(호 온)'이 새겨져 있어 출애굽기 3장 14절 "나는 스스로 있는 자니라"라고 하신 말씀을 반영하였습니다. 그리스도의 몸 뒤 양쪽에는 창과 스펀지가 그려져 있는데, 창(왼쪽)은 슬라브어로 "K"로, 스펀지(오른쪽)는 "T(갈대)"로 표시되어 있습니다.

하단의 기울어진 가로대는 두 강도의 운명을 상징하는 것으로 예수의 오른편으로 올라간 부분은 회개한 강도가 천국으로 올라감을, 아래로 내려간 부분은 비방한 강도가 지옥으로 떨어짐을 의미합니다.

십자가의 위쪽에는 하나님(성부)과 성령(비둘기) 또는 천사들이 묘사된 경우가 많으며, 십자가의 아래쪽에는 해골(아담의 해골로 상징)이나 덩굴, 꽃무늬 장식이 새겨져 있습니다. 해골은 예수가 십자가에 못 박히신 골고다 언덕이 첫 사람 아담이 묻힌 곳이라는 전설에 기초한 것입니다.

이 『러시아 정교회의 십자가』는 매우 세밀한 문양의 조각으로 이루어져 있습니다. 이는 신앙의 신비로움과 예수의 희생을 강조하려는 예술적 표현으로 상단, 중앙, 하단이 각각 하늘(성부와 천사), 땅(예수와 인간), 지하(아담과 해골)의 세 영역으로 나뉘어 삼위일체와 구원의 전 과정을 시각적으로 보여주려 한 것으로, 구원의 이야기를 담고 있는 '신앙의 책'과도 같습니다. 정교회에서는 이러한 십자가를 단순한 상징물이 아닌 '신학적 교본'으로 여기며, 신자들이 십자가를 바라보며 그리스도의 구속 사역과 구원의 진리를 묵상할 수 있도록 하였습니다.

이 십자가를 통해 러시아 정교회의 신앙적 깊이와 그들이 표현하는 경건함을 느끼며, 그 전통과 신앙적 유산에 대한 존경심을 갖게 됩니다. 이 십자가를 만드는데 깃든 정성과 예술적 표현 또한 그 자체가 신앙의 행위임을 깨달으며, "나는 내 신앙을 어떤 모습으로 표현하고 있는가?" "나의 삶도 누군가에게 신앙의 아름다움과 깊이를 전할 수 있는가?"를 생각해 봅니다.

임정렬(공방풍경)
도자기, 고재목
330×630×35mm 510×625×60mm

십자가를 품은 십자가 이야기

멜리데 십자가

이 십자가는 수원 화성 행궁에 있는 「공방 풍경」의 임정렬 님이 도자기로 만든 십자가입니다. 스페인 『멜리데 십자가』에서 모티브를 따온 이 작품에서 예수의 오른손이 아래로 펼쳐진 모습은 예수의 희생과 끝없는 용서를 강조하는 상징적 표현입니다.

스페인 산티아고 순례길 7일 차 코스는 빨라스 데 레이(Palas de Rei)에서 멜리데(Melide)를 거쳐 아르수아(Arzúa)에 이르는 약 29km의 길로, 이 코스 중간에 있는 멜리데 마을 근처 푸레로스(Furelos)라는 작은 마을에 12세기 로마네스크 성당 '산 후안 교회(Igrexa de San Xoan de Furelos)'가 있습니다.

이 십자가는 1950년경 지역 조각가 마누엘 카히데(Manuel Cagide)가 제작하여 봉헌한 것으로, 십자가에 매달린 예수의 오른팔이 십자가에서 풀려 내려와 순례자 쪽으로 다정하게 뻗어 있는 모습으로 『멜리데 십자가』라고 불리는 '손을 내미는 그리스도(Cristo de la Mano Tendida)'라는 십자가입니다.

이 『멜리데 십자가』에는 두 가지 아름다운 이야기가 전해져 오고 있습니다.

하나는, "1512년, 몇몇 여성들이 이 십자가 앞에서 기도하던 중한 여인이 아픈 아들을 위해 자신의 생명까지 내어놓겠다는 사랑의 청원을 드렸습니다. 그 순간, 예수의 오른팔이 십자가에서 풀려 그녀를 향해 내려왔고 아들은 치유되었으며 십자가는 그 모습을 그대로 간직하게 되었다고 전해집니다.”

또 다른 이야기는, “같은 죄를 반복해서 고백하던 한 젊은이의 이야기입니다. 그의 반복되는 고해에 지친 신부가 용서를 거부하려 했을 때, 십자가 위의 예수가 팔을 풀어내려 그 청년에게 직접 성호를 그으며 말씀하셨습니다. ‘아들아. 나는 이 아들을 위해 목숨을 바쳤다. 네가 그를 용서하지 않는다면, 내가 그를 용서하겠다.’”

이 이야기는 하나님의 용서가 인간의 판단을 초월한다는 깊은 신학적 메시지를 담고 있으며, 로마서 8장 1절 “그러므로 이제 그리스도 예수 안에 있는 자에게는 결코 정죄함이 없나니”라는 말씀과 누가복음 23장 34절 “아버지여, 저들을 사하여 주옵소서 자기들이 하는 것을 알지 못함이 니이다”라고 기도하신 장면을 연상시킵니다.

이 십자가와 함께 제작된 **사진 2**의 십자가도 『멜리데 십자가』에서 모티브를 따온 것으로, 왼손을 하늘로 향하여 든 흰색 도자기 작품입니다. 하늘로 들어 올린 손은 하나님 아버지와의 연결을 상징합니다.

필자는 이 십자가를 설명할 때 왼손을 들어 올린 형상 **사진 2**는 하나님께 간절히 은혜를 구하는 우리의 모습으로, 오른손을 아래로 내린 모습 **사진 1**은 이미 받은 은혜를 세상에 나누라는 하나님의 음성이 아니겠느냐고 소개합니다. 이는 구하여 받은 은혜를, 세상을 향하여 베풀라는 『멜리데 십자가』의 영적 메시지가 아닐까요?

　이 십자가를 묵상하며 "나는 하나님께 얼마나 의지하고 있는가?"
"나는 세상에 얼마나 사랑을 베풀고 있는가?"라는 질문을 스스로에게
던지게 되며, 받은 은혜를 나누는 삶이야말로 진정한 그리스도인의
모습임을 다시 생각하게 됩니다.

나무 스탬프
130×150×45mm / 120×120×20mm

사진1

성찬(聖餐) 빵, 나무 스탬프 십자가

이 십자가는 성찬 빵(프로스포라 Prosphora-Προσφορά) 제작용 나무 스탬프로 19세기 초에 제작된 것으로 보이며, 러시아 정교회 또는 전통 동유럽(루마니아, 불가리아, 세르비아) 정교회에서 사용하던 것으로, 이 스탬프는 성찬용 빵을 준비할 때 빵 표면에 거룩한 기호와 상징을 새기는 데 사용합니다.

기독교에서 성찬례는 예수 그리스도의 죽음과 부활을 기념하는 중요한 성례전으로 예수께서 제자들과 마지막 만찬을 하실 때 빵과 포도주를 나누시며, "이것은 내 몸이니라, 이것은 나의 피 곧 언약의 피니라"(마 26:26~28)라고 말씀하시고, "너희가 이를 행하여 나를 기념하라"(눅 22:19)라고 말씀하신 데서 유래합니다.

초기 교회에서 중세교회까지 성례전(聖禮典)의 종류는 다양했습니다. 13세기 이후 가톨릭교회와 동방교회는 세례, 견진, 성체(성찬), 고해, 병자, 신품(서품), 혼인 등 7개를 성례전으로 지켜왔으며, 개신교는 종교개혁 이후 성례전을 세례(洗禮)와 성찬(聖餐) 2가지로 축소하여 지킵니다.

성찬 예식에서 사용되는 빵에도 교파별 차이가 있어 개신교와 가톨릭에서는 누룩 없는 빵(무교병)을 사용하였고, 동방정교회에서는 누룩이 들어간 빵(유교병)을 사용하고 있습니다. 정교회의 성찬 빵 '프로소포라'는 그리스어로 '드리는 것' 또는 '봉헌된 것'을 의미하며, 전통적으로 밀가루, 물, 소금, 효모로만 만들어지며, 순수하고 단순한 재료로 예수의 깨끗함과 성찬의 신성함을 상징한다고 합니다.

이 성찬 빵[사진 3]을 만들 때, 스탬프로 찍힌 십자가 문양은 단순한 장식이 아니라 그리스도의 수난과 부활을 상징하는 신학적 의미를 담고 있으며, 고린도전서 11장 26절 "너희가 이 떡을 먹으며 이 잔을 마실 때마다 주의 죽으심을 그가 오실 때까지 전하는 것이니라"라는 말씀처럼 성찬례가 갖는 기념과 선포의 의미를 시각적으로 표현합니다.

이 스탬프가 새기는 문양은 주로 십자가나 'IC XC NIKA'(Iinσοῦς Χριστὸς Νικᾷ-예수 그리스도는 승리하신다), 'IC XC'(예수 그리스도), 또는 기타 전례적 상징들이 포함됩니다.

사진2

사진3

일반적으로 정교회에서 사용하는 성찬 빵 스탬프는 **사진 2**와 같이 원(圓)형 형태에 십자가와 함께 다양한 비잔틴 양식의 문양이 새겨진 것이 많습니다. 이는 성찬 빵이 전통적으로 둥근 모양으로 구워지기 때문입니다.

그러나 **사진 1**과 같은 십자가 형태의 스탬프는 매우 특별하고 희귀한 경우로 이는 전통적인 틀 안에서도 자신의 신앙을 더 명확하고 아름답게 표현하려는 마음이 담긴 작품으로 정교회의 전통과도 충분히 조화를 이루는 상징입니다.

성찬 빵은 성찬례의 핵심 요소로, 빵 위의 문양은 전통적 신학과 상징성을 표현해야 한다는 규범이 존재합니다. 십자가 모양의 스탬프 는 성찬 빵을 준비하는 과정을 더욱 경건하고 영적으로 승화시키려는 의지와 변화를 추구하는 환경에서 탄생했을 가능성이 큽니다.

이 십자가 스탬프는 화려하지도, 주목받지도 않는 도구입니다. 그러나 이것은 성찬례라는 신성한 의식의 핵심을 준비하는 도구입니다. 빵을 찍는 이 작은 도구가 성찬의 거룩한 순간을 준비하듯, 내 일상 에서도 작은 행동 하나하나가 하나님께 드리는 영광이 될 수 있음을 생각하며, 우리 삶의 작은 행위와 봉사가 하나님의 큰 계획에서 얼마나 중요한지를 떠올리게 합니다.

예루살렘 십자가

이 십자가는 11세기 예루살렘 왕국(Kingdom of Jerusalem)의 상징입니다. 예루살렘 왕국은 제1차 십자군(1096~1099년)이 예루살렘을 점령한 후 1099년에 세워진 기독교 국가로, 『예루살렘 십자가』(Jerusalem Cross)는 그때부터 예루살렘 왕국의 공식 문장[사진 1]으로 채택되어 그리스도 교도들 사이에서 예루살렘을 상징하는 주요 이미지가 되었습니다. 『예루살렘 십자가』는 십자군 십자가(Crusader's Cross)라고도 불리며 평화, 화해, 복음의 전파를 상징하는 의미로 사용되는 중세 시대의 십자군과 기독교 역사적으로 중요한 유산의 상징입니다.

『예루살렘 십자가』에 대하여 다양한 해석이 존재하지만, 기본적으로 다음과 같은 3가지로 요약된다고 할 수 있습니다.

1. 중앙의 큰 십자가는 예수를 상징하고 4개의 작은 십자가는 4복음서(마태, 마가, 누가, 요한)를 나타내며, 이를 통해 예수의 가르침이 세상에 전파된 것을 의미합니다.

2. 5개의 십자가는 못 박히신 예수께서 받은 5곳의 상처(양손, 양발, 옆구리 창 자국)로 예수의 고난과 희생을 상징합니다.

3. 중앙의 큰 십자가 끝에 상하좌우로 뻗은 T자 모양의 십자가는 마태복음 28장 19절 "너희는 가서 모든 민족을 제자로 삼아"라는

말씀처럼 예루살렘에서 시작된 복음이 동서남북으로 퍼져 나간다는 것을 의미합니다.

『예루살렘 십자가』는 이와 같은 기본적인 구조를 유지하는 범위 내에서 다양한 디자인의 변화와 재해석이 가능하며, 현대에 제작된 여러 작품을 통해 그 의미와 아름다움을 살펴볼 수 있습니다.

사진 2의 『예루살렘 십자가』는 금속으로 된 프레임과 투명하거나 반투명한 유리 조각들로 이루어져 있습니다. 유리를 통해 빛이 투과되는 방식은 요한복음 8장 12절 "예수께서 또 말씀하여 이르시되 나는 세상의 빛이니"라는 말씀처럼 신성한 빛과 희망을 연상시키며, 금속의 견고함은 예수님의 강인함과 인내를 나타냅니다.

사진 3의 『예루살렘 십자가』는 올리브나무로 만든 것으로, 올리브나무는 예수께서 겟세마네 동산에서 기도하셨던 장소와 연관이 있어 평화와

화해, 그리고 고난의 상징으로 여겨지며, 십자가 중앙에 예수님의 형상이 그려져 있고, "GOD BLESS OUR HOME"이라는 문구가 새겨져 있습니다. 이는 믿음을 중심으로 한 가정의 화합과 축복을 기원하는 상징입니다. 십자가의 네 모서리 T자 부분에는 작은 유리 캡슐이 있고, 그 안에는 예루살렘 또는 성지에서 가져온 올리브 잎, 돌, 향, 흙 등을 담아 넣어 성지의 거룩함을 모시는 의미로 사용되고 있습니다.

사진 4의 『예루살렘 십자가』는 자개(진주조개)로 만든 펜던트입니다. 자개의 둥근 모양과 영롱한 빛깔은 영광의 면류관이나 천국을 상징합니다. 진주는 고통의 산물입니다. 조개가 상처를 입어야 진주가 만들어지듯, 예수께서 우리의 죄를 대신 짊어지신 고난은 단순히 고통으로 끝나지 않고 영광스러운 구원의 진주가 되었고, 자개의 아름다운 빛은 예수께서 고난을 통해 이룬 구원이 얼마나 찬란하고 아름다운지를 보여주는 듯합니다.

사진1

예수의 생애 십자가

이 십자가는 예수의 일생에서 중요한 순간들을 십자가 틀 안에 담아낸 것으로, 예수의 생애(수태고지, 탄생, 세례, 사역, 십자가 처형, 부활)와 사역 등을 한눈에 볼 수 있도록 제작된 것으로, 기본 구조는 생애나 사건의 순서에 따라 배치된 것이 특징입니다.

이 작품이 언제부터 제작되었는지 확실하지는 않으나, 중세 후기 교회 예술과 성상(icon) 예술에서 예수의 생애를 시각적으로 표현하는 전통이 확립되었으며, 16세기 르네상스와 이후 바로크 시대에는 예수의 생애와 주요 사건을 더욱 구체적으로 묘사한 작품들이 등장하였다고 합니다. 19세기 이후 기독교 미술에서는 상징성과 해석을 중요시하면서 『예수의 생애 십자가』와 같은 복합적 상징을 지닌 작품들이 제작되기 시작하였습니다. 현대에는 이런 작품들이 목재, 금속, 유리, 세라믹 등 다양한 재료와 형식을 통해 더욱 풍부하게 표현되어 그림, 부조, 조각, 스테인드글라스와 같은 방식으로 제작되고 있습니다.

이 『예수의 생애 십자가』[사진 1]는 목제 부조로 제작된 것으로 모두 6개의 패널로 구성되어 있습니다. 중앙은 십자가에 못 박히고 고통받는 예수가 묘사되어 있으며, 주변 인물들은 어머니 마리아와 사도 요한, 그리고 다른 여인들로 보이며 마가복음 15장 21~40절의 십자가 처형 장면을 형상화한 것입니다.

위쪽은 '최후의 만찬' 장면으로 예수가 십자가에 못 박히기 전 제자들과 함께 마지막으로 식사를 나누시며 하신 성찬례의 시작을 보여주는 사건입니다.

왼쪽은 헤롯의 박해를 피하여 요셉이 아기와 그의 어머니를 데리고 애굽으로 피난 가는 장면을 형상화한 것입니다.

오른쪽은 부활하신 예수가 승리의 십자가를 손에 들고 계신 장면입니다.

아래쪽은 어머니 마리아와 요셉이 아기 예수를 안고 있는 탄생 장면으로, 그 아래는 가브리엘 천사가 마리아에게 예수의 탄생을 예고하는 '수태고지' 장면입니다.

십자가의 처형 장면을 중앙에 배치하고 다른 장면들이 둘러싸고 있는 구도는 예수의 생애가 결국 십자가를 통해 완성된다는 의미를 담고 있으며, 조각 하나하나가 세밀하게 표현되어 그들의 내면의 슬픔, 절망, 경외심이 생생하게 표현되어 있습니다.

또 다른 『예수의 생애 십자가』 사진 2는 「콜롬비아 전쟁 미망인협회」에서 그들을 위한 기금 마련을 위하여 제작한 것으로 기본적인 구조는 유지하면서도 더욱 현대적이고 밝은 회화 기법으로 표현한 것입니다. 이 작품은 전쟁의 아픔을 겪은 여성들이 예수의 생애와 고난을 통해 위로와 희망을 찾으려는 신앙적 의지를 담아 각 장면이 더욱 부드럽고 온화한 색채로 표현되어 평화와 사랑의 메시지를 강조하고 있습니다.

특히 이런 형태의 십자가는 단순한 장식품이 아니라 문맹률이 높았던 시기에 신앙 교육의 도구로서도 가능하며, 보는 이들로 하여금 예수의 생애 전체를 묵상하고 그 의미를 되새기게 하는 역할을 하였다고 합니다.

십자가 안에 담긴 예수의 생애는 단지 과거의 이야기가 아닙니다. 오늘 나의 삶과 연결되어 있으며, 내가 걸어가야 할 신앙의 길에 새로운 의미를 부여하며, 그 길 위에서 나는 더 이상 혼자가 아닙니다. 십자가는 나와 함께 걷는 동반자입니다.

사진2

더 깊은 이야기

202

십자가를 품은 십자가 이야기

올래(來) 자 십자가

이 십자가는 2015년경 「하늘샘 도예공방」을 운영하는 류영식 님이 제작한 도자기 십자가로, 한문 올래(來) 자를 모티브로 한 독특한 디자인입니다.

송병구 목사님은 그의 저서 '십자가 – 168개의 상징 찾아가기'에서 이 십자가를 『초청 십자가』라고 명명하며 다음과 같이 설명하고 있습니다. "초청 십자가는 올래(來) 자 안에 담긴 뜻 그대로 십자가에 달리신 예수 그리스도의 부르심을 역설한다. 오라(來)! 그리스도의 십자가는 인간을 부르시는 하나님의 구체적인 초청장이다.

래(來)는 열십(十) 자와 큰 모양의 사람 인(人) 하나와 작은 모양의 사람인(人) 둘(人人)을 합친 것이라고 이해하였다. 가운데 우뚝 선 열십(十) 자는 십자가, 아랫부분의 큰 사람인(人) 자는 예수 그리스도며 그리고 양옆에 나란히 있는 작은 사람인(人) 자 둘은 십자가 좌우에 달린 두 명의 강도를 뜻한다.

흥미롭게도 문자 안에 담긴 상징이 문자 자체를 뛰어 넘고 있다. '올래(來)'자는 다양한 형상과 의미를 담은 한자어들 속에서 믿음의 눈으로 찾아낸 복음의 심벌이다. 사실 우리가 십자가라고 부르는 것은 예수 처형 당시 사형 도구로 쓰던 나무 형틀 모양이 지사문자인

'열십(十)'자를 닮았기 때문이며, 이처럼 한자 문화권에서는 다양한 글자 속에서 십자가의 의미를 찾아볼 수 있습니다."

한자(漢字)는 6가지 조자(造字)법 즉, 상형문자(象形文字), 지사문자(指事文字), 회의문자(會意文字), 형성문자(形聲文字), 전주문자(轉注文字), 가차문자(假借文字)로 구분됩니다. 이러한 한자어 중에 열 십(十)자 모양을 품고 있는 한자는 올래(來) 자 외에도 협력할협(協), 세대세(世), 쓸고(苦), 넓을박(博), 군사졸(卒), 글장(章), 옛고(古), 지탱할지(支) 등 여러 가지 기독교적 상징이나 의미를 담은 글자를 만날 수 있습니다.

이 십자가의 가운데가 열십(十)자 모양으로 찢어져 있는 것은 예수의 고난과 상처를 상징합니다. 이사야 53장 5절 *"그가 찔림은 우리의 허물 때문이요 그가 상함은 우리의 죄악 때문이라"*라는 말씀처럼 예수님이

십자가에서 우리의 죄를 위해 몸이 찢기시고 고난 당하신 것을 시각적으로 표현한 것입니다.

이 십자가에 표현된 세 개의 사람인(人) 자는 여러 가지 신학적의미로 해석할 수 있습니다. 첫째로는 기독교 신앙의 핵심인 삼위일체 성부(하나님), 성자(예수 그리스도), 성령을 상징하며, 이는 요한복음 14장 16절 "내가 아버지께 구하겠으니, 그가 또 다른 보혜사를 너희에게 주사"라는 말씀처럼 삼위일체 하나님이 함께 구속 사역을 완성하심을 의미합니다.

둘째로는 누가복음 23장 32~43절에 기록된 예수께서 십자가에 못박히실 때 함께 처형당한 두 명의 강도와 예수 자신을 상징한다고 할 수 있습니다. 예수께서 회개한 강도에게 "오늘 내가 너와 함께 낙원에 있으리라"라고 하신 말씀을 통해 십자가가 심판의 자리이면서 동시에 구원의 자리임을 보여줍니다.

올래(來) 자는 미래에 대한 기대, 변화와 구속, 기다림과 인내, 영적인 임재를 상징합니다. 기독교적 관점에서 "來" 자는 예수의 초림과 재림을 상징할 수 있으며, 하나님께서 우리에게 다가오신다는 희망과 확신을 전달하는 상징적인 글자로 사용할 수 있습니다. 이는 요한복음 14장 3절 "가서 너희를 위하여 거처를 예비하면 내가 다시 와서 너희를 내게로 영접하여"라는 재림의 약속과 마태복음 28장 20절 "내가 세상 끝 날까지 너희와 항상 함께 있으리라"라는 임재의 약속을 담고 있습니다.

올래(來) 자는 인간이 하나님의 사랑 안으로 초대되고 신앙 공동체 안으로 들어오는 것으로 그리스도의 품으로 돌아오는 것을 의미할 수 있습니다. 그러므로 이제 이 십자가는 모든 이들을 하나님의 넓은 품으로 초대하며, 누구든지 예수께 나아와 영원한 안식과 구원을 얻을 수 있다는 복음의 메시지를 전하고 있습니다.

올래(來) 자 십자가

십자가의 도가
멸망하는 자들에게는
미련한 것이요
구원을 받는 우리에게는
하나님의 능력이라

- 고린도전서 1:18 -